KIRSTEN HANSER

NEUSTART MIT ASTROLOGIE

Für Vincent

KIRSTEN HANSER

NEUSTART MIT ASTROLOGIE

MIT ASTROCOACHING DIE PERSÖNLICHKEIT ENTWICKELN

INHALT

Vorwort 6

ICH BIN VIELE 9
Die Zusammenstellung eines Horoskops 10
Häuser und Lebensbühnen 11
Wichtige Begriffe in Verbindung zur Astrologie 15

FAMILIÄRE PRÄGUNGEN UND UNSER PLATZ IN DER GESELLSCHAFT 19
Das 4. und 10. Haus im Horoskop:
Wo komm ich her und wo will ich hin? 20
IC und MC – die zwölf Achsen 22

DIE SONNE IN DEN VERSCHIEDENEN ZEICHEN .. 47
Astrocoaching für jedes Sternzeichen 48
Widder 52
Stier 55
Zwillinge 59
Krebs 65
Löwe 70
Jungfrau 75
Waage 78
Skorpion 81
Schütze 85
Steinbock 91
Wassermann 94
Fische 98

BUNTE IDENTITÄTEN ... 103

Die Sonne im Bündnis mit anderen Planeten ... 104
Sonne und Mond – der Identitätskokon ... 109
Sonne und Merkur – Denken und Sein ... 112
Sonne und Venus – wenn die Liebe zu Hause bleibt ... 115
Sonne und Mars – Energie und Kampf ... 118
Sonne und Jupiter – das Beste ist grad gut genug ... 121
Sonne und Saturn – mit dem Kritiker unterwegs ... 124
Sonne und Uranus – anders sein und Identitätsverlust ... 127
Sonne und Neptun – schöne heimliche Welt ... 131
Sonne und Pluto – Identität und Intensität ... 134

DER ASZENDENT – DER KOSMISCHE ASSISTENT ... 139

Wie gehe ich raus in die Welt? ... 140
Aszendent und was nach außen zu sehen ist ... 144
Der Unterschied von Aszendent und Sonnenzeichen ... 147
Kurzbeschreibung der Aszendenten ... 149

ME, MYSELF AND I ... 179

Kurzbeschreibungen der Sonne in Verbindung zum Aszendenten ... 180

Last, but not least ... 201
Danksagung ... 203
Weiteres zur Astrologie von Kirsten Hanser ... 204
Register ... 206
Impressum ... 208

VORWORT

Neustart mit Astrologie ist nun mein zweites Buch, das Sie noch tiefer in das umfangreiche Wissensgebiet der Astrologie einsteigen lässt. Gleichzeitig können Sie dieses Wissen praktisch erproben in Form von Übungen. Ich stelle den Kosmos und die Persönlichkeit in Zusammenhang und zeige Ihnen, wie astrologische Perspektiven unsere Identität beeinflussen.

Das Sonnensystem, mit dem die Astrologie arbeitet, besteht aus zehn Gestirnen. Diese zehn Gestirne stellen Symbole für Charaktereigenschaften dar, die jeder von uns mitbringt und im Leben braucht. Meistens kennen wir nur unser sogenanntes Sternzeichen, manchmal auch den Aszendenten. Mit diesem Buch lernen Sie die verschiedenen Planeten als Symbol Ihrer Persönlichkeit kennen und erfahren mehr über die Kombination aus Sternzeichen und Planet sowie Aszendenten. Die Übungen und Anleitungen laden Sie zum kreativen Ausprobieren ein und zaubern dadurch einiges auf Ihre Lebensbühne, was vorher vielleicht nur in Ihnen schlummerte.

Im Unterschied zu vielen anderen Ratgebern werden Sie sich nicht zusätzlich gestresst fühlen, weil ich Sie nicht zur Selbstoptimierung animieren möchte. Es geht lediglich darum, einiges aus sich herauszulocken, was Sie als Horoskop mit auf den Weg bekommen haben.

Meine jahrzehntelange Arbeit mit Klienten hat mir gezeigt, das Wissen allein oft nicht reicht, um etwas zu verändern. Auch die Klarheit, die bei persönlichen Gesprächen entstand, war bisweilen nur von kurzer Dauer. So fing ich an, mit meinen Klienten praktisch zu experimentieren. Je nach Horoskop, nach der inneren Landkarte eines jeden Menschen, wurden meine Beratungen zum Beispiel zu Coachingerfahrungen, Hypnoseausflügen oder inneren Reisen. Dieses Wissen vermittelt Ihnen das Buch. Viele von uns möchten sich selbst besser kennenlernen und verstehen – oder das Verhalten anderer Menschen. *Neustart mit Astrologie* lädt Sie zu einer Reise ein, bei der es nicht nur um Ihr persönliches Sonnen- beziehungsweise Sternzeichen geht: Jede Übung ist für jeden geeignet, um zu forschen und zu experimentieren.

Um das »Echtsein« dreht sich dieses Buch, darum, sich selbst zu erkennen und etwas dafür zu tun, um mit sich im Einklang zu sein, im kreativen Schöpfungsprozess, den wir »Leben« nennen.

Wenn wir uns in Selbsterkenntnis üben, lösen wir uns aus kompensatorischen Verhaltensweisen, also aus Ersatzhandlungen. Wir erkennen Projektionen und können mitfühlender und ehrlicher in Kontakt mit anderen gehen. Wenn wir anfangen, die Dinge so zu sehen, wie sie sind, ohne ständig zu verurteilen, zu bewerten oder unsere Vorstellungen darüberzustülpen, entstehen Klarheit und ein Erwachen. Wir können füreinander da sein – und gemeinsam an ein Miteinander glauben und Veränderungen anpacken. Wir können gemeinsam so träumen, dass wir Zukunft gestalten.

Es geht darum, die Fülle wiederzuentdecken und uns aus dem Mangelbewusstsein zu lösen. Astrologie ist ein Schlüssel zu unseren inneren Räumen: Wir können sie mithilfe astrologischer Betrachtungen öffnen, erkennen und reinigen, indem sie uns bewusst werden. Und wir können uns mit dem Universum verbunden fühlen, egal, was wir im Leben gerade erleben.

Sobald Sie dieses Buch lesen, wird sich Ihnen die Komplexität der Astrologie besser erschließen. Lesen Sie nicht nur das, was Sie selbst betrifft. Wir alle haben alle Planeten in unserem Horoskop, aufgeteilt auf zwölf verschiedene Zeichen, in verschiedenen Häusern, in unterschiedlichen Aspekten. Wir sind alle eins. Nur die Verteilung ist unterschiedlich. Astrologie ist ein wunderbarer Wegbereiter, um das, was in uns steckt, auszuleben und zu entfalten.

Ich wünsche Ihnen schöne Aha-Erlebnisse, viel Motivation und dass dieses Buch zu einer wohltuenden Verbindung wird. Damit wir uns wieder als Teil eines großen Ganzen sehen können. Damit wir andere besser verstehen und wir schließlich dazu beitragen können, neue Gesellschaftsformen zu entwickeln, denen es weder an Respekt für die Natur noch an Akzeptanz der universellen Prinzipien mangelt. Wenn wir spirituelles Wachstum dem materiellen irgendwann vorziehen, könnten wir uns zu der empathischen Gesellschaft entwickeln, die sich viele von uns wünschen. Seien Sie neugierig und gehen Sie mit meinem Buch auf Entdeckungsreise!

Viel Spaß dabei wünscht Ihnen

ICH BIN VIELE

DIE ZUSAMMENSTELLUNG EINES HOROSKOPS

Um ein Horoskop zu erstellen, brauchen wir das Datum, den Ort und die genaue Uhrzeit der Geburt. Mit diesen Angaben wird der Zeitpunkt der Geburt zu Papier gebracht und es entsteht die sogenannte Radix, auch Kosmogramm genannt. Dieser kosmische Kreis, der Tierkreis, ist aufgeteilt in zwölf verschiedene Zeichen. In diesem Buch benutze ich häufig den Begriff »Matrix«, der in der Astrologie nicht verwendet wird. Aber mir erscheint er sehr passend. Wir sind manifestierte Zeitqualität: Mit unserer Geburt wird das, was am Himmel stattfand, als unser innerer Bauplan, unsere Matrix, auf die Erde und ins Leben gebracht. Wir sind deshalb unser Leben lang mit dieser Matrix unterwegs, die vom Außen beeinflusst wird. Natürlich bewegen sich die Planeten weiter und auch wir entwickeln uns.

Ein Horoskop setzt sich aus zehn unterschiedlichen Planeten zusammen, die ich als Persönlichkeitsanteile unserer Matrix beschreibe. Zehn verschiedene Planeten befinden sich in zwölf verschiedenen Zeichen, diese sind zusätzlich harmonisch oder herausfordernd miteinander verbunden. Je nachdem, in welchen Zeichen und in welchem Aspekt sie zueinander stehen, können sie miteinander kommunizieren, sich ignorieren, sich unterstützen oder blockieren. Manche streiten innerlich miteinander, stellen sich tot oder gären so vor sich hin. Alles, was wir nicht leben, führt ein starkes Eigenleben »im Untergrund« – und zieht uns Energie ab, die wir für unser bewusstes Leben gut brauchen könnten. So komplex sieht es in uns aus.

Außerdem gibt es in der Radix zwölf verschiedene Häuser, die unterschiedliche Größen haben und nicht identisch sind mit den immer gleichbleibend großen Tierkreiszeichen. Diese Häuser sind unsere Lebensbühnen, auf denen wir handeln. Sie haben alle mehr oder weniger miteinander zu tun. In den Kapiteln über IC, MC und die familiäre Prägung (ab Seite 19) sowie über die Aszendenten und wie wir in die Welt gehen (ab Seite 139) beschreibe und erläutere ich Ihnen die Achsen dieser Häuser näher und ausführlicher.

»Ich bin viele« heißt dieses Kapitel und das bedeutet: Wir verfügen über verschiedene Persönlichkeitsanteile, die durch die Planeten repräsentiert werden. So steht

Merkur dafür, wie wir kommunizieren, Mars symbolisiert, wie wir handeln, Venus versinnbildlicht, wie wir lieben, und Mond ist ein Wegweiser zu unseren Bedürfnissen … Ausführlich habe ich die Planeten bereits in meinem letzten Buch *Kosmos und Körper* beschrieben.

Doch der Kern des Ganzen, gleich unserem Universum, ist die Sonne. Unsere Identität, um die sich alles dreht. Unsere Persönlichkeit bildet sich durch das Zusammenspiel all unserer Persönlichkeitsanteile, und diese können sehr konträr voneinander sein, sich ergänzen oder im Widerspruch zueinander stehen. Doch die Sonne ist das Zentrum, um dieses Zusammenwirken zu koordinieren. Um diesen Kern geht es in diesem Buch, im Sinne der Selbsterkenntnis, der Erweiterung, der Akzeptanz, der Förderung von Mitgefühl und Liebe, im Verständnis für uns und die Menschen um uns herum. Die Astrologie hilft uns, die Vielfalt eines jeden Einzelnen kennenzulernen und anzuerkennen.

HÄUSER UND LEBENSBÜHNEN

Die Häuser sind unsere Lebensbühnen, hier ist der Ort der Entfaltung der verschiedenen Persönlichkeitsanteile. In diesen Lebensbereichen fällt es uns besonders leicht, die Energie zur vollen Entfaltung zu bringen.

1. Haus

Auftreten und Selbstausdruck. Körper und Körperlichkeit. Das Sichtbare, Unmittelbare. Spontane Herangehensweise in unbekannten Situationen. Selbstdarstellung. Persona, unser »Kostüm«, das wir der Umwelt immer zeigen. Optische Erscheinung, physische Gestalt. Der Aszendent ist der Eckpunkt für das erste Haus. Das erste Haus hat eine Widder-Qualität und wird ihm zugeordnet.

2. Haus

Selbstwert, mitgebrachte Talente, Körperlichkeit und Empfinden. Der Ort der Ressourcen, um sich in der eigenen Kraft zu fühlen. Direkter Zugriff auf körperliche Kraft. Der Körper als Tempel. Körperlichkeit als Materie. Selbstempfinden. Sinnliches Empfinden. Umgang mit Werten. Das zweite Haus entspricht dem Zeichen Stier und wird diesem Zeichen zugeordnet.

3. Haus

Der Ort der Begegnung. Alltagsdynamik. Lernen und Informationsaustausch. Das dritte Haus verrät etwas darüber, wie wir am besten lernen. Je nachdem, welches Zeichen hier steht, repräsentiert es die Themen, die uns am meisten interessieren. Beziehung zu Geschwistern. Geistige Beweglichkeit, körperliche Beweglichkeit. Wie wir in Kontakt gehen und mit Informationen umgehen. Was unsere Neugier weckt. Das dritte Haus entspricht dem Zeichen Zwillinge.

4. Haus

Unsere Heimat, das Zuhause. Das ist der Ort, in den wir hineingeboren werden, die tiefste Stelle eines Horoskops. Die Atmosphäre unserer Kindheit. Unser Unbewusstes. Das vierte Haus ist unser Fundament des Lebens. In späteren Jahren verrät es viel darüber, wie wir wohnen und was wir brauchen, um uns zu Hause und geborgen zu fühlen. Ein Rückzugsraum. Das vierte Haus entspricht dem Zeichen Krebs und wird diesem Zeichen zugeordnet.

5. Haus

Das Haus der Kreativität, der Lust und Liebe, auch des schöpferischen Selbstausdrucks. Hier wird viel darüber erzählt, wie viel Spielfreude wir mitbringen, unser Verhältnis zu Kindern und dem eigenen Kindsein, in seiner spielerischen Ausdrucksform. Im fünften Haus experimentieren wir mit uns selbst und probieren, wie auf einer Bühne, verschiedene Rollen aus. Deshalb wird es auch der Lust und der Liebe zugeordnet, den Liebesverhältnissen und wie wir uns dort ausleben. Das fünfte Haus entspricht dem Zeichen Löwe und wird ihm zugeordnet.

6. Haus

Dieses Haus symbolisiert unseren Alltag. Die wiederkehrenden Tätigkeiten, auch unseren Beruf und unsere Gesundheit. Das sechste Haus erzählt viel darüber, was wir täglich brauchen, um uns wohl- und gesund zu fühlen. Ein wichtiges Haus in der Astromedizin. Es erzählt auch viel darüber, welche Rituale uns heilig sind, die wir brauchen, um in eine gewisse Ordnung zu finden und stabil zu sein. Es wird dem Zeichen Jungfrau zugeordnet.

7. Haus

Das Haus der Begegnung. Der Deszendent gegenüber dem Aszendenten. Es erzählt viel über unsere Partnersuchbilder, auch darüber, wer uns begegnet, was wir anziehen. Da es dem Aszendenten gegenüberliegt, empfinden wir das siebte Haus auch oft als Projektionsfläche. Das siebte Haus erzählt viel darüber, was wir uns in der Partnerschaft wünschen und was in unsere Persönlichkeit integriert werden will.

Es gehört zu Waage und wird diesem Zeichen zugeordnet.

8. Haus

Das achte Haus symbolisiert unsere gemeinsamen Werte. Es ist der Ort der Intimität, erzählt auch etwas darüber, wie wir Sexualität erfahren und welche Rolle Sexualität, Nähe und tiefes partnerschaftliches Empfinden in unserem Leben spielen. Es repräsentiert auch die Werte der anderen, des Partners und wie wir mit den Mitteln anderer umgehen, auch mit dem gemeinsamen Geld zum Beispiel. Außerdem spiegelt es übernommene Rollenmuster der Eltern wider. Es wird dem Zeichen Skorpion zugeordnet.

9. Haus

Das Haus des Wissens und der Weisheit. Gleich einer Universität des Lebens. Oder auch der tatsächlichen Wahl eines Studiums. Wie wir reisen und unseren Horizont erweitern. Welchen Glauben wir haben oder suchen. Es ist auch das Haus der gemeinsamen Erkenntnisse, die aus den Erfahrungen des siebten und achten Hauses gezogen werden. Es erzählt etwas darüber, wie wir Informationen nutzen und daraus Glaubenssätze bauen.

Hier spiegelt sich auch unser Verhältnis zum Ausland und zu allen anderen Kulturen wider. Es wird dem Zeichen Schütze zugeordnet.

10. Haus

Es ist der Ort der Berufung und unser Platz in der Gesellschaft. Wie wir Gesellschaft wahrnehmen, wo wir uns selber sehen und welche Rolle wir im System, in den Systemen einer Kultur anstreben. Es erzählt auch etwas darüber, welche Ziele wir verfolgen und was wir brauchen, um uns einbringen zu können. Hier erfahren wir, wie wichtig uns der Einsatz unserer Talente, der erlernte Beruf, unsere Erfahrungen sind, um daraus etwas zu gestalten. Das zehnte Haus gehört zum Zeichen Steinbock.

11. Haus

Das Haus der Freunde und Freundschaften, der Gleichgesinnten und Gruppen, denen wir uns im Laufe eines Lebens anschließen. Das elfte Haus erzählt viel darüber, wie wir uns in Gruppen bewegen, welche Rolle wir dort einnehmen, wie wichtig uns Freundschaften sind und was wir selber einbringen, um den Zusammenschluss zu fördern. Sobald wir uns in einer Gruppe oder Gemeinschaft aufhalten, befinden wir uns im elften Haus. Es wird dem Zeichen Wassermann zugeordnet.

12. Haus

Das zwölfte Haus ist ein verborgenes. Sobald wir uns in einen sogenannten inneren Raum begeben, in den Rückzug mit dem Sein, befinden wir uns im zwölften Haus. Es ist neben dem achten Haus auch eines der Geheimnisse – die wir anderen nicht zeigen, selber nicht kennen oder nur erahnen, bisweilen auch der Ort des blinden Flecks. Planeten, die sich hier befinden, erzählen häufig etwas über Persönlichkeitsanteile, die wir nicht leben konnten und die deshalb verloren gingen. Wir nehmen nur über den stillen Rückzug wieder Kontakt dazu auf. Der Ort unserer Ahnen und Träume. Häufig wird es auch im Zusammenhang mit geschlossenen Einrichtungen wie dem Kloster oder einem Krankenhaus genannt. Dies ist als Symbol zu verstehen. Das zwölfte Haus gehört zum Zeichen Fische.

WICHTIGE BEGRIFFE IN VERBINDUNG ZUR ASTROLOGIE

Sie finden in diesem Buch immer wieder Begriffe, die wir im Alltag häufig benutzen, wenn es um uns geht. Jedoch gibt es feine Bedeutungsunterschiede, wenn dieselben Worte im astrologischen Zusammenhang auftauchen. Damit es nicht zu Missverständnissen kommt, erkläre ich die zentralen Begriffe im Folgenden kurz.

Identität

Identität bedeutet völlige Übereinstimmung mit dem, wie wir sind beziehungsweise wie wir handeln oder von außen gespiegelt werden. Es bedeutet, dass wir uns vollständig damit identifizieren können. In Verbindung mit der Astrologie erwähne ich den Begriff »Identität« häufig, wenn ich von der Sonne als Kernpunkt spreche. Dennoch identifizieren wir uns auch häufig mit Charaktereigenschaften, die wir gern hätten, unser Selbstbild ist zeitweise verzerrt. Wir brauchen andere ehrliche Menschen, die uns spiegeln, und auch eine gesunde Selbstreflexion, um unsere Identität auszubilden, um zu sein, wer wir wirklich sind, und um zu uns zu stehen. Nur dann können wir echt sein.

Um herauszufinden, was die Identitätsebene ausmacht, reicht es bisweilen schon, aufmerksam auf Sätze zu achten, die mit »Ich bin« beginnen. Identität gibt uns das starke Gefühl, in der Welt verankert zu sein. Identität bedeutet auch die Konfrontation mit unserem Ego. Es gibt feste Rollen, mit denen wir uns vollkommen identifizieren, zum Beispiel Mutter zu sein. Oder auch Berufungsebenen, wie zum Beispiel Astrologin zu sein.

Individualität

Die Individualität ist die Summe der Eigenschaften, die uns zu etwas Besonderem werden lässt. Hier entsteht eine Eigendynamik, mit der wir uns von den vorgegebenen Werten oder Normen abheben beziehungsweise diese überwinden. Im astrologischen Kontext bringt ein jeder seine Individualität mit, denn jedes Horoskop ist anders.

> **WARUM STREBEN WIR ÜBERHAUPT NACH INDIVIDUALITÄT?**
> Meiner Ansicht nach befinden wir uns am Ende der Ära, in der der Individualität ein besonderer Stellenwert zukommt. Astrologisch gesehen wird unser Gemeinschaftssinn zunehmen und das Wohl der Gemeinschaft wichtiger werden. Wir werden mehr Befriedigung und Wärme durch die Zugehörigkeit erfahren. Unsere jahrzehntelange Beschäftigung mit Individualität wird nachlassen, sodass der Gruppenzusammenhalt mehr Bedeutung gewinnt.

Ein Horoskop erzählt auch viel darüber, ob wir überhaupt einen ausgeprägten Wunsch danach haben, individuell zu sein, und wie wir ihn nach außen tragen. Hier spielt das Zusammenspiel von Sonne und Aszendent eine tragende Rolle sowie gleichzeitig die Betonung der Elemente. Meiner Erfahrung nach sind zum Beispiel feuerbetonte Menschen besonders an Individualität interessiert und betonen dieses Bedürfnis auch öfter als andere.

Persönlichkeit

Im alltäglichen Verständnis des Wortes entwickelt sich unsere Persönlichkeit in einem Reifeprozess, der Zeit braucht. Astrologisch betrachtet aber ist die Persönlichkeit die Summe all dessen, was wir mitbringen. Insofern sind wir bereits eine Persönlichkeit zum Zeitpunkt der Geburt, doch bevor sich diese zeigen kann, braucht es Entwicklung und Transformation.

Unser Horoskop in seiner ganzen Spannbreite, inklusive aller Planeten und Planetenanteile, ist der Ausdruck der Persönlichkeit, mit allen Licht- und Schattenanteilen. Oder anders gesagt: Persönlichkeit ist die Gesamtheit unserer Matrix, die Entwicklung und letztlich die Verwirklichung all dessen, was wir als Eigenschaften bezeichnen können.

Mithilfe eines Horoskops können wir unserer Persönlichkeit Sprache verleihen, ganz besonders ihren bisher nicht gelebten und ihren unbewussten Anteilen. Astrologie liest die einzelnen Anteile heraus und kann somit zur Entwicklung beitragen. Eine Persönlichkeit zu sein beziehungsweise zu werden bedeutet also auch, dass wir uns über die Vielfalt in uns und unsere Gegensätze bewusst werden und Ausdrucksmöglichkeiten sowie Lebensbühnen finden, um zu einer Gesamtheit zu finden.

Selbst

Das Selbst ist nicht das Ich. So zumindest waren meine ersten Überlegungen dazu, als ich zum ersten Mal in den Zustand von Selbst kam. Es war in einer Meditation und hat sich fortgesetzt. Das Selbst ist sozusagen ein Zustand, der sich von einem Horoskop abhebt, wir verlassen die Konzepte und unterschiedlichen Betrachtungen. Lösen uns von der denkerischen Ebene und treten in Verbindung zu etwas, das größer ist als wir.

Für das Selbst spielt es keine Rolle mehr, mit was wir uns identifizieren, was uns besonders macht oder einzigartig. Auch die unterschiedlichen Eigenschaften und unsere Gesamtpersönlichkeit lösen sich auf, sind nebensächlich. Ich würde das Selbst astrologisch betrachtet mit Neptun in Verbindung bringen sowie dem Zeichen Fische. Hier ist der Tierkreis zu Ende. Wir verlassen ihn und gehen einerseits in die Verbindung, andererseits in die Ablösung. Das Selbst ist ein Zustand, für den alles oben Genannte, also Identität, Individualität und Persönlichkeit, keine Rolle mehr spielt. Wir können auch von dem Zustand der Erleuchtung sprechen, des vollkommenen Seins.

FAMILIÄRE PRÄGUNGEN UND UNSER PLATZ IN DER GESELLSCHAFT

DAS 4. UND 10. HAUS IM HOROSKOP: WO KOMM ICH HER UND WO WILL ICH HIN?

Ein Horoskop hat zwölf Tierkreiszeichen, die auf zwölf sogenannte Häuser aufgeteilt sind. Diese Häuser haben unterschiedliche Größen und beschreiben die unterschiedlichen Bühnen, auf denen wir unsere Persönlichkeitsanteile leben. Diese Anteile werden symbolisiert durch die zehn Planeten.

Die Achse des Horoskops von Aszendent und Deszendent sagt etwas darüber aus, wie wir in die Welt hinausgehen und was auf unserer Begegnungsfläche als Gegensatz dazu auftauchen kann. Darauf gehe ich ab Seite 139 ausführlich ein. In diesem Kapitel geht es zunächst um die Achse zwischen Imum Coeli (IC) und Me-

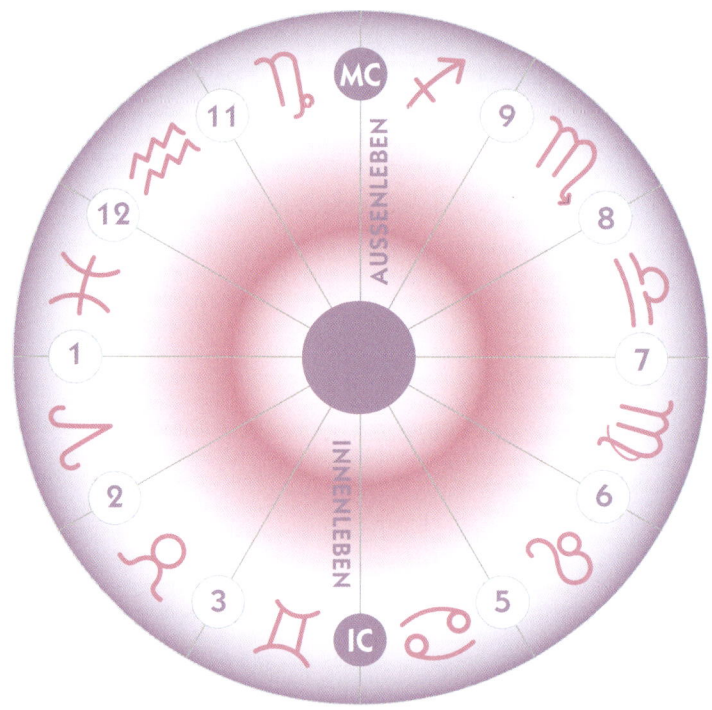

dium Coeli (MC), die sich im vierten und im zehnten Haus gegenüberliegen. Diese beiden bilden die wichtige Achse in – wie ich es gern nenne – unserer Homezone, in die wir hineingeboren wurden.

Es geht also um unsere Herkunft, unser Elternhaus und die damit verbundenen Prägungen, und als Pendant dazu, wie wir uns in der Welt positionieren.

IC – unser Zuhause

Der IC, Imum Coeli, das vierte Haus, sagt viel über den unmittelbaren Zustand unserer Familie aus, in die wir hineingeboren wurden. Gleichzeitig ist der IC die tiefste und damit die unbewusste Stelle unserer Matrix, unseres inneren Bauplans. Auf der astromedizinischen Ebene drückt der Imum Coeli etwas darüber aus, wie wir in die Ruhe finden und was die Basis für unser Fundament im Leben ist.

Die Lebensbühne IC wird später zu dem Symbol für unser Zuhause. Da wir hier auch den Bereich von Prägung, Unbewusstem und Konditionierungen vorfinden, ist das vierte Haus bei einer Horoskopbetrachtung besonders spannend. Auf dem vierten Haus baut schließlich alles auf. Was auch immer wir nach außen leben, letztlich benötigen wir ein stimmiges und unserer Matrix entsprechendes Fundament dazu. Um dies herauszufinden, brauchen wir den Einblick in unsere unbewussten Anteile. Welche Tankstellen stehen uns zur Verfügung? Was hilft uns, um in die Kraft zu finden? Natürlich ist es für uns alle unerlässlich, die Kindheit zu reflektieren, um zu wissen, wo wir herkommen. Welche unserer frühen Erfahrungen sind gut und heute noch nützlich?

MC – unser Platz in der Gesellschaft

MC, Medium Coeli, das zehnte Haus, beschreibt unseren Platz in der Gesellschaft. Da sich IC und MC gegenseitig bedingen, sind unsere Prägungen entscheidend dafür, was wir in der Welt wollen. Ob wir eher autonom etwas kreieren wollen, uns politisch engagieren oder in die Menge untertauchen und mitmachen. Ob die Welt für uns ein friedlicher Ort ist oder ein Haifischbecken.

In meinen Beratungen habe ich es sehr oft erlebt, dass Menschen so stark in ihrer Berufswahl von zu Hause geprägt waren, dass sie kaum in den Zustand von Suchen, Experimentieren oder Nachspüren kamen, sondern vor allem dem Rat der Eltern folgten. Doch eine gewisse Orientierungslosigkeit gehört meiner Ansicht nach dazu, um eine eigene Ausrichtung zu finden.

Unser Beruf, die Position, die wir in der Gesellschaft einnehmen, verändert sich im Laufe eines Lebens, doch der Urgrund bleibt gleich. Der Ursprung dessen, was uns ganz besonders entsprechen würde. Eltern wünschen sich für ihre Kinder Sicherheit nach dem Motto »Hauptsache, ein Beruf«. Das Ergebnis passt oft nicht zur eigenen Persönlichkeit – und früher oder später im Leben macht sich das unangenehm bemerkbar.

Innerhalb unseres Familiensystems lernen wir zunächst, eine Position einzunehmen. In dieser Position lernen wir den Umgang mit Autorität kennen, werden in unseren Fähigkeiten gefördert, das Thema Verantwortung kommt in unser Leben. Familie stellt die kleinste Form einer Gesellschaft dar – mit Regeln und Gesetzen, Anforderungen, Konflikten, Zusammenspiel, Werteaufbau und Verwirklichung. Hier lernen wir im geschützten Feld das, was wir später auf der Berufungsebene in die Realität umsetzen können. Das wäre das Optimum.

Viele von uns fühlen sich jedoch nicht unbedingt unterstützt und gefördert. Manchmal sind wir lange damit beschäftigt, den Weg freizuschaufeln, um uns überhaupt als aktives Mitglied einer Gesellschaft zu fühlen. Um Freiräume auch nutzen zu können.

IC UND MC – DIE ZWÖLF ACHSEN

Nachfolgend finden Sie die zwölf verschiedenen Achsen. Wir können diese Achsen mit der Körperachse gleichsetzen, die sich ganz besonders gut anfühlt, wenn sie im Lot ist. So eine Balance entsteht, wenn wir einerseits einen guten Rückzugsort haben, der uns auftanken lässt. Andererseits brauchen wir auch eine Spielfläche, die uns motiviert, aktiv etwas einzubringen, für das wir Anerkennung und Zustimmung bekommen. Je mehr wir uns darüber im Klaren sind, wo wir herkommen, desto klarer erkennen wir, wo wir hinwollen.

Zurück zur Körpersprache: Wir können den IC auch mit unseren Füßen gleichsetzen, dem Bodenkontakt, unseren Wurzeln. Der MC gleicht der Schädelkrone, unserer Verbindung nach oben, Beruf, Berufung, all dem, was über uns hinausgeht. Die Beschreibung der verschiedenen Achsen der zwölf Tierkreiszeichen habe ich deshalb durch kleine Übungen ergänzt, um IC und MC, gleich einem Kanal, immer wieder ins Bewusstsein zu rufen.

Die Erklärungen zur Prägung, der Atmosphäre des Zuhauses, sind lediglich ein kurzer Exkurs über das, was wir vorgefunden haben bei unserer Geburt. Zwar kommt den Planeten im vierten und zehnten Haus eine besondere Bedeutung zu, doch es würde den Umfang dieses Buchs sprengen, auch sie zu erläutern.

HIMMEL UND ERDE:
KURZANLEITUNG FÜR DIE ÜBUNG

Die Übungsreihe zur IC/MC-Achse heißt »Himmel und Erde«. Das sind wir, im wörtlichen wie im übertragenen Sinn. Diese Übungen sind in ihrer Grundform gleich. Sie dienen dazu, den Energiefluss, symbolisiert durch die verschiedenen Zeichen, deutlicher in der eigenen Körperachse zu spüren und in Balance zu kommen: »Alles im Lot« ist ein zauberhafter Zustand.

Die Ausgangsstellung ist immer gleich, deswegen beschreibe ich sie nur an dieser Stelle einmal:

* Sie stellen sich aufrecht hin, die Füße hüftbreit auseinander, bitte ohne Schuhe, eventuell auch barfuß. Die Beine sind durchgestreckt.
* Die Arme hängen entspannt neben dem Körper.
* Schultern und Oberkörper halten Sie bitte möglichst gerade, aber entspannt und ohne sich anzustrengen oder gar zu verkrampfen.

Aus dieser Ausgangsstellung folgen Sie dann den jeweiligen unterschiedlichen Bildern und Anleitungen. Probieren Sie gern auch die anderen Übungen aus, nicht nur die Ihrer eigenen Achse.

I. Widder-IC/Waage-MC

Prägung: Glaubenssätze im Familiensystem

Der altbekannte Leitspruch »Von nichts kommt nichts« prägt hier das Familiensystem nachhaltig. Widder am IC beschreibt eine sehr aktive »Homezone«, die manchmal auch von Streitigkeiten und dem stetigen Erkunden neuer Gelände geprägt ist sowie von einer gewissen Hierarchie: Meist gibt es dominierende Elternteile, die das Familienschiff navigieren. Entspannung findet durch Aktivität und Lautstärke statt. Innere Unruhe kann eine Begleiterscheinung sein.

Atmosphäre der Kindheit

Es herrschen eine feurige Atmosphäre und viel Lebendigkeit, in der es viel Spielraum zum Austoben gibt und das Lernen durch Ausprobieren stattfindet. Eine Familie in Bewegung – das Tempo und die Aktivitäten werden stark vorgegeben.

Widder kann auch ein Hinweis auf ein starkes Spannungsfeld sein, das wenig Ruhe zulässt.

Ort der Ressourcen

Menschen mit Widder am IC tanken sich nicht durch Entspannung auf, sondern durch Aktivität. Sie möchten nicht still sitzen, sondern etwas tun. Das eigene Zuhause ist weniger ein Ort zum »Runterkommen«, sondern eher ein Ort, um aktiv zu werden. Die Ressourcen sind das aktive Tun – zum Beispiel sind Umräumen und Umbauten beliebt –, Sport und körperliche Betätigungen. Diese Menschen brauchen ein Zuhause, das ihnen viel Autonomie und Selbstbestimmung bietet.

Berufung und Positionierung in der Gesellschaft

Dem Widder gegenüberliegend befindet sich das Zeichen Waage. Waage am MC deutet auch auf einen starken Gerechtigkeitssinn hin, den Wunsch nach Gleichstellung und darauf, Experte für Konfliktlösungen zu sein.

Die innere Aktivität, zeitweise Unruhe, der stetig laufende Motor schaffen viel Energie, um das zu verwirklichen, was ins Gleichgewicht bringt. Menschen mit diesem IC wissen instinktiv, dass sie große

Stärke mitbringen. Beruf und Berufung sind geprägt von dem Wunsch, sich aktiv für Harmonie und ein gutes Miteinander im Team einzusetzen.

Wo komm ich her, wo will ich hin?

Wir kommen aus einem aktiven, spannungsreichen, impulsiven Feld und nutzen diese Kraft, um in der Welt »draußen« mehr Harmonie, Gerechtigkeit, Objektivität und Schönheit zu schaffen. Teamarbeit erfüllt sehr, denkbar ist auch die Arbeit zusammen mit dem Partner. Gebraucht werden aber Rückzugsorte, an denen wir ganz allein bestimmen können und ein eigenes Reich haben, wo uns keiner reinredet.

HIMMEL UND ERDE

* Aus der Ausgangsposition von Seite 23 gehen Sie langsam leicht in die Knie und wieder hoch.
* Wenn die Beine erneut gebeugt sind, einatmen, die Fäuste ballen, die Arme gebeugt nach hinten ziehen. Jetzt den Atem anhalten, das Gesicht zusammenknautschen und auf den Füßen hin und her rollen.
* Dann mit einer langen Ausatmung nach oben gehen, durch den Mund mit einem erleichternden, lang gezogenem »HAAA« ausatmen, die Beine strecken, zugleich die Arme in V-Form nach oben strecken und lächelnd auf die Zehenspitzen kommen. Kurz dort verweilen.
* Dann in die Ausgangsstellung zurück und zehnmal wiederholen.

2. Stier-IC/Skorpion-MC

Prägung: Glaubenssätze im Familiensystem

»In der Ruhe liegt die Kraft«, »Bleib bei deiner Herde« oder auch »Schuster, bleib bei deinem Leisten« – im positiven Sinne wird die Familie als Ort der Beständigkeit erlebt. Meist sind diese Menschen in der Natur mit stabilen Wurzeln aufgewachsen. Menschen mit Stier-IC brauchen die Herde, einen Ort, der Sicherheit gibt, und sind »Tiefwurzler«. Ein starkes Heimatempfinden führt sie. Sofern sie den Ort, wo sie aufgewachsen sind, doch verlassen, kehren sie immer wieder gern dorthin zurück. Entspannung entsteht hier durch Stabilität, Ruhe und gleichbleibende sinnliche Gewohnheiten.

Atmosphäre der Kindheit

Eine willkommene Situation, in der man im Leben ankommt. Grundsätzlich starke Familienbande, eine unterstützende Kraft, die jedoch auch viel vorgibt an Werten und Sein. Mitunter ein gewisser Wohlstand, der das Gefühl gibt, wohlgebettet zu sein.

Ort der Ressourcen

Der Ort der Kindheit dient als Tankstelle, ebenso die Natur und das tiefe Gefühl von Sicherheit und Stabilität. Mit Stier-IC braucht man ruhige Rückzugsorte, die in den Zustand von Urvertrauen zurückführen. Die Ressource ist das aktive Sein, ohne etwas zu tun: Mußestunden. Durch die Basics »gut essen«, »gut schlafen« und »sich bewegen, wie der Körper es vorgibt« entsteht ein gutes Körpergefühl.

Berufung und Positionierung in der Gesellschaft

Starke Wurzeln geben uns die Kraft für das Wirken in der Welt. Skorpion am MC konfrontiert uns mit dem ständigen Wandel und der Transformation innerhalb von Gesellschaftssystemen. Jeder, der schon einmal Menschen mit einem starken Urvertrauen kennengelernt hat, weiß um deren Stärke, recht furchtlos Dinge anzupacken und damit viel zu bewegen. Durch diese starke Basis scheuen sie Konfrontationen weniger und nehmen herausfordernde Machtthemen nicht als bedrohlich wahr, sondern gehen sie beharrlich an.

Menschen mit diesem IC wissen instinktiv, dass sie eine beständige Basis mitbringen, die ihnen niemand nehmen kann. Entsprechend risikoreich können sie in der gesellschaftlichen Berufs- und Berufungswelt unterwegs sein.

Wo komm ich her, wo will ich hin?

Je stärker die Wurzel unserer Herkunft ist, desto resilienter bewegen wir uns in der Welt. Resilienz bedeutet: Wir erholen uns schneller von Rückschlägen, wissen um unsere Herde, die uns trägt, und haben weniger Angst. Die Welt »da draußen« fordert uns heraus und konfrontiert uns mit Stirb-Werde-Prozessen, die uns etwas fremd, doch ebenso verlockend erscheinen, weil sie uns mit Unbeständigkeit und dem Lauf des Lebens konfrontieren.

HIMMEL UND ERDE

* In der Ausgangsposition von Seite 23 lassen Sie die Augen geschlossen und bringen eine angenehme Spannung in den Körper.
* Scannen Sie über das Spüren Ihre Körperumrisse ab. Dann nehmen Sie Ihr gesamtes Körpergewicht wahr, stehen Sie aufrecht und satt auf dem Boden. Das Gewicht auf Ihren Füßen in den Boden hineinatmend, nutzen Sie nun die Kraft Ihrer Imagination, um, von der Fußsohle ausgehend, Wurzeln in den Boden zu verankern. Lassen Sie diese Wurzeln tief in den Boden wachsen.
* Sobald Sie diese Verwurzelung haben, fühlen Sie sich als Baum. Mit all seinen Verästelungen ist dieser auch im Kontakt zu anderen Bäumen und im Austausch mit diesen. Nun richten Sie Ihren Blick imaginär auf die anderen Bäume, fühlen in Ihre Schädelkrone.
* Dann bemerken Sie über sich ein Gewitter aufziehen, dunkle, schwere Wolken schweben über Ihnen. Lassen Sie dieses schwere Unwetter über sich hinwegziehen und imaginieren Sie, wie Sie es tief verwurzelt und gut verankert ohne Angst und Nöte überstehen. Intensivieren Sie Ihren Atem währenddessen.

3. Zwillinge-IC/ Schütze-MC

Prägung: Glaubenssätze im Familiensystem

»Man kann über alles reden« kann hier einer der prägenden Sätze sein. Mit Zwillinge am IC geht es darum, zu lernen und Lösungen zu finden. Der Verstand und das Verstehen sind im Vordergrund, der Austausch der Familienangehörigen und eine große Lebendigkeit prägen die Wurzel. Diese basiert auf Leichtigkeit und ist nicht unbedingt an Orte gebunden. Das Zuhause gleicht einem offenen Haus, wo immer wieder neue Informationen fließen und, gleich einer öffentlichen Bibliothek, möglichst viele Zugänge zu Wissen da sind.

Atmosphäre der Kindheit

Ob zahlreiche Geschwister oder ein großer Freundeskreis, Zwillinge am IC ist kein Ort, der Rückzug oder besonders viel Ruhe mit sich bringt. Kommunikation wird hier zum Dreh- und Angelpunkt, vielleicht auch durch zu Hause arbeitende Eltern, die noch Klausuren verbessern, oder wo zu Hause unterrichtet wird. Eine große Offenheit herrscht insgesamt.

Ort der Ressourcen

Menschen mit Zwillinge am IC finden durch Anregung in die Ruhe. Sie leben nicht unbedingt gern allein, falls doch, werden sämtliche Medien genutzt, um das Gefühl von Lebendigkeit und auditiven Impulsen wachzuhalten. Ruhe, das Nichts, sind eher schwer auszuhalten.

Menschen mit diesem IC finden sich schnell in neue Orte ein und sind gern woanders. Die Verwurzelung ist eher flach und leicht zu versetzen.

Berufung und Positionierung in der Gesellschaft

In der Tiefe der Seele mit großer Wissbegierde ausgestattet, führt dies natürlich dazu, sehr neugierig und lerndurstig ins Leben zu gehen. Dies kann zu vielen verschiedenen Interessen führen, die allesamt gebündelt irgendwie in die Gesellschaft eingebracht werden. Eine berufliche Festlegung dauert. Sehr beliebt sind das Auslandsstudium oder Berufe, die den geistigen Horizont immer wieder erweitern. Rund um Schulen und Universitäten fühlen sich diese Menschen sehr wohl.

Wo komm ich her, wo will ich hin?

Zwillinge am IC bedeutet auch, dass man zunächst den Eindruck bekommt, alles funktioniert über den Geist, die Vielfalt gewährt einem eine fantastische Aussicht auf unbegrenzte Möglichkeiten. Tiefe seelische Prozesse sind für diese Menschen nicht unbedingt das, was sie motiviert oder ihr Interesse weckt. Sie halten eher auf. Wissen wird zur stärksten Kraft und es ist eine sehr flüchtige und frische Energie vorhanden, die sie schnell wechseln lässt. Man kommt aus der Wissenssammlung und fügt dies zu einem Gesamtbild mit dem Schütze-MC, um es anschließend anderen zur Verfügung zu stellen.

HIMMEL UND ERDE

* In der Ausgangsposition auf Seite 23 beginnen Sie leicht zu wippen, ohne die Achse dabei zu verlieren. Also nur hoch und runter, indem Sie die Beine beugen und strecken. Die Füße können sich mitbewegen, mitwippen und einschwingen. Auf die Fußballen hoch und auf die Fußsohlen zurück.
* Nun nehmen Sie die Arme dazu, diese schwingen nach vorn und zurück.
* Nun mit dem Atem: Dreimal schwingen, dreimal ausatmen, dann die Arme nach oben schwingen, nach oben schauen, auf die Fußballen kommen und mit den Armen eine Bewegung ausführen, als würden Sie etwas pflücken – mit einer langen Einatmung.
* Dann auf die Fußsohlen zurück, die Handflächen vorm Brustbein aneinanderschmiegen und kurz die Augen schließen, mit der Affirmation: Freude.

4. Krebs-IC/Steinbock-MC

Prägung: Glaubenssätze im Familiensystem

»My home is my castle.« Krebs am IC entspricht dem ursprünglichen Horoskop. Ähnlich Planeten, die im eigenen Heimatzeichen stehen, kommt diesem Zeichen am IC auch eine besonders starke Kraft zu. Hier wird der Familie, aus der man kommt, ein besonders hoher Stellenwert gegeben. Auf gewisse Art und Weise bleiben Menschen mit diesem IC auch immer stark mit der Familie verbunden und auch in der ursprünglichen Position des Kindes. Die Familie fungiert als geschützter und beschützter Raum – eine Privatisierung.

Atmosphäre der Kindheit

Hier sind die Rollen klar, die Eltern- und Kindrollen werden nicht infrage gestellt, es gibt den klaren Schutz der Familie. Das Kind zu sein bedeutet auch, dass man eingebettet ist. Es verlässt sich auf die Eltern, Veränderungen kommen eher einer Bedrohung gleich. Gern möchte man in diesen Schutzräumen verweilen. Familie spielt auch im eigenen Leben eine zentrale Rolle, indem man eine eigene Familie gründet, Traditionen wertschätzt und weiterlebt.

Ort der Ressourcen

Familie ist der Ort der Ressource, des Zusammenhalts und des Rückhalts. Ein Ort, an den ich mich immer wieder hinwenden kann, wo ich aufgehoben und unterstützt bin. Wir sind mit Krebs am IC nie allein in der Welt, weil wir wissen, dass es Heimat und einen Rückzugsort gibt: »Back to the Roots« ist uns heilig. Der Ort der Ressourcen wird durch Rückzug und eine kuschlige, heimelige Atmosphäre kreiert und wird gebraucht, um in der Welt zu bestehen.

Berufung und Positionierung in der Gesellschaft

Steinbock steht am MC. Gemäß der Ursprünglichkeit des IC wird hier auch gern langsam und stetig am Thema Berufung innerhalb der Gesellschaft gebaut. Auf Schule folgt Studium, dann der Beruf, aus dem sich die Berufung fortsetzen kann. Menschen mit dieser IC/MC-Achse ist klar, welche Verantwortung sie sowohl gegenüber der eigenen Familie als auch innerhalb der Gesellschaft haben. Gern nehmen sie, wenn sie gut eingebettet sind, einen wichtigen Platz ein. Starke Bindungen geben ihnen eine starke Kraft für das »Draußen«. Sie wollen Verantwortung für die Generationen nach ihnen übernehmen. Tradition ist wichtig.

Wo komm ich her, wo will ich hin?

Im günstigen Fall erleben wir Familie wie etwas Heiliges. Wir verweilen hier möglichst lange, sind in jüngeren Jahren eher Stubenhocker und lieben die Nestwärme. Erst wenn wir uns wirklich flügge fühlen, schwärmen wir aus. Wir experimentieren nicht mit unserer Stellung in der Gesellschaft, sondern bereiten diese genau vor.

HIMMEL UND ERDE

* In der Ausgangsposition von Seite 23 nehmen Sie einige ruhige und tiefe Atemzüge.
* Nun spüren Sie in Ihre Füße und fühlen Sie die Wärme, die sich hier ausbreitet. Achten Sie darauf, dass Sie warme Füße haben.

- Aus der Aufrichtung gehen Sie nun langsam in die Hocke, werden so klein wie möglich und umarmen sich selbst, Ihre gebeugten Beine. Legen Sie den Kopf auf den Knien ab und atmen Sie ruhig ein und aus. Spüren Sie in diese Haltung des Schutzes und in Ihre Füße.
- Stellen Sie sich vor, in einem warmen Flusslauf zu sitzen, an einer Quelle.
- Dann richten Sie sich sehr langsam auf, Stück für Stück. Beim Aufrichten nehmen Sie mehrere Atemzüge und kombinieren dieses Aufrichten mit den Erinnerungen Ihres Heranreifens. Vom Kind zum Jugendlichen, zum jungen Erwachsenen, bis Sie vollkommen aufrecht im Jetzt ankommen. Die Augen geschlossen, noch immer imaginär mit den Füßen nahe der Quelle, im warmen fließenden Gewässer. Zurück in der ganz aufrechten stolzen Haltung eines Steinbock-MC.
- Spüren Sie in diese Haltung noch einmal tief hinein, bevor Sie sie auflösen.

5. Löwe-IC/ Wassermann-MC

Prägung: Glaubenssätze im Familiensystem

»Du bist etwas Besonderes, sei stolz darauf.« Zwar ist dies bei uns allen der Fall, denn jeder ist in seiner Art einzigartig und besonders, doch als Prägung kann dieser Satz auch zur Bürde werden, vor allem dann, wenn sich jemand mit Löwe-IC gar nicht so besonders fühlt oder gar ein starkes Selbstwertdefizit entwickelt hat. Schön ist dieser Glaubenssatz natürlich im Grundsatz und mit ein bisschen Neugier findet dieser Mensch auch heraus, warum. Das Familiensystem, in das er geboren wurde, hebt sich jedenfalls von anderen ab – und zwar in dem Sinne, bewusst besonders und anders zu sein.

Atmosphäre der Kindheit

Hier geht es im Familiensystem in erster Linie um das Erkennen des Besonderen bei jedem. Dies wird zum Thema und hervorgehoben und vieles dreht sich um Individualität und Stolz. Man redet gern über denjenigen, er bekommt Aufmerksamkeit und wird immer wieder von der Familie gespiegelt, darin, wie er ist und was er tut. Es dreht sich nicht um Dinge, sondern um die einzelnen Mitglieder im System. Die Familie gleicht einer stark beleuchteten Lebensbühne, der Spot ist immer an.

Ort der Ressourcen

Menschen mit diesem IC brauchen den Rückzug, um wieder gut bei sich anzukommen. Sie leben gern großzügig, auch gern autonom, und können sich nur schwer an andere anpassen. Löwe-IC hat gern das Sagen, da, wo er wohnt, und entfaltet die eigene starke Kreativität auch gern zu Hause. Löwe-IC-Menschen lieben, gleich allen Künstlern, verschiedene Wirkstätten und auch das »schöne« Wohnen. Sie erlebten einen Elternteil sehr dominant und sind deshalb froh, wenn sie endlich ein eigenes Reich haben.

Berufung und Positionierung in der Gesellschaft

Löwe-IC hat den natürlichen Drang nach oben, um sich mit seiner von zu Hause aus mitgegebenen Besonderheit auszuprobieren, und hält sich dementsprechend auch weniger an vorgegebene Regeln und Normen. Wassermann am MC bedeutet unter anderem auch, für sich selbst einen ganz neuen Beruf zu erfinden. Mit Wassermann am MC sind die verrücktesten Berufe möglich. Es gibt keinen geradlinigen Weg. Die Lebensbühne gleicht einem Versuchslabor und gern entflieht man – ganz besonders in jungen Jahren – jeglichen Festlegungen, der Konformität, bis man das passende freie Wirkungsfeld gefunden hat.

Wo komm ich her, wo will ich hin?

Menschen mit Löwe am IC haben eine starke Basis, um sehr mutig in die Welt rauszugehen. Die Ressourcen sind Eigenverantwortung und gesunder Stolz, eine kraftvolle Identitätsebene. Man möchte etwas erleben, und zwar etwas, was andere noch nicht erlebt haben. Man möchte

Pionier sein, um Privates und Beruf ohne Trennlinien zu leben, sie zu vermischen. Hier kann sich im Laufe der Zeit mit mutigen Abenteuern ein sehr kraftvolles Selbstwertgefühl entfalten, mit dem diese Menschen Fehler oder Fehlschläge besser wegstecken, als andere das können.

HIMMEL UND ERDE

* In der Ausgangsposition von Seite 23 beginnend, lockern Sie erst einmal den ganzen Körper durch Schütteln und gern auch durch kräftige und laute Ausatmung mit Tönen.
* Dann nehmen Sie die Position ein, die sich wie Ihr stärkster Selbstausdruck anfühlt. Ändern Sie Ihre Mimik, nehmen Sie vielleicht die Schultern mehr nach hinten, drücken Sie die Brust raus, beugen Sie die Beine leicht.
* Dann strecken Sie die Arme nach oben, laufen auf der Stelle, Blick nach vorn, lachen und hüpfen.
* Nach fünf Hüpfern machen Sie immer einen hohen Sprung nach oben.
* Dann wieder in die Ausgangsposition zurück, in die stolze Haltung, um von vorn zu beginnen.
Das Ganze zehnmal wiederholen.

6. Jungfrau-IC/Fische-MC

Prägung: Glaubenssätze im Familiensystem

»Bescheidenheit ist eine Kunst« könnte einer der Glaubenssätze dieses Familiensystems sein, »Ordnung muss sein« ein anderer. Jungfrau ist das Symbol für die innere Ordnung, deshalb wird die Analysefähigkeit auch oft mit ihr in Verbindung gesetzt. Eine Prägung bei einem Jungfrau-IC ist die Kraft von gleichbleibenden, festen Ritualen, die das Gefühl von Überschaubarkeit und Voraussicht vermitteln.

Atmosphäre der Kindheit

Jungfrau bringt eine gewisse Nüchternheit mit sich und gleichzeitig eine große Verlässlichkeit und etwas Gleichbleibendes. Das Zuhause ist der Ort, um aufzuarbeiten, was am Tag erlebt wurde, um die Dinge zu verdauen. Kommunikation dient hier eher dem Sortieren des Geistes und dem Hinterfragen. Ein Optimum wird angestrebt, die Atmosphäre ist von einer gewissen Perfektion geprägt. Voraussicht kann auch zu übergroßer Vorsicht werden.

Ort der Ressourcen

Menschen mit Jungfrau-IC brauchen Rituale, mit denen sie sich immer wieder ins Gleichgewicht bringen, sowie ein Zuhause, das eine gleichbleibende Ordnung ausstrahlt. Die größten Ressourcen sind die Verlässlichkeit sowie familiäre Unterstützung, Versprechen werden eingelöst. Gesundheit spielt eine zentrale Rolle, auch das Zuhause ist ein gesunder Ort.

Berufung und Positionierung in der Gesellschaft

Mit einem Jungfrau-IC lernen Menschen instinktiv, dass sie nicht viel brauchen, um in einem guten Zustand zu sein, und dass es immer wieder um ihre eigene innere Ordnung geht, mit der sie aufgeräumt in die Welt hinausgehen können, um sich nützlich einzubringen. Mit Fische am MC wird die Welt als sehr groß und unheimlich chaotisch erlebt.

Trotzdem besteht die Sehnsucht danach, sich mehr einzubringen. Menschen mit dieser IC/MC-Achse arbeiten gern in sozialen oder gesundheitlichen Bereichen. Sie brauchen das Gefühl, zu helfen.

Wo komm ich her, wo will ich hin?

Die feste Basis von Verlässlichkeit und das tiefe Verständnis der seelischen Prozesse rufen die Sehnsucht nach dem Ungeplanten und Chaotischen in uns wach. Da wir wissen, wie wir unsere innere Ordnung herstellen und an unsere Ressourcen rankommen, wagen wir uns in den Ozean der Weltenbühne und bringen uns ein. Hilfsbereitschaft und der Glaube geben uns das tiefe Gefühl davon, richtig in der Welt zu sein.

HIMMEL UND ERDE

* Sobald Sie die Ausgangsstellung von Seite 23 eingenommen haben, beginnen Sie mit geschlossenen Augen, die Umrisse Ihres Körpers zu spüren. Es geht dabei nicht darum, sich diese Umrisse vorzustellen, sondern darum, sie wirklich zu spüren.
* Nun konzentrieren Sie sich auf die Füße, verlagern Ihr Gewicht auf die Fußaußenkanten, dann die Innenkanten, dann die Fußballen und abschließend auf die Fersen. Kommen Sie auf die Fußsohlen zurück.

- Nun lassen Sie sich imaginär Wurzeln wachsen, ohne eine Vorstellung zu haben, wie tief oder flach diese sind. Sobald diese feste Grundlage, Ihr Fundament, da ist, beginnen Sie mit der gleichförmigen Ein- und Ausatmung: Jeweils auf vier Zeiten einatmen und auf vier Zeiten ausatmen.
- Nun konzentrieren Sie sich auf Ihre Schädelkrone und stellen sich ein silbernes Licht vor, das darüber erstrahlt.
- Stellen Sie sich vor, dass Sie nun – mit geschlossenen Augen – auf eine Landschaft schauen oder auf Situationen, die in Ihnen sowohl Dankbarkeit als auch tiefes Mitgefühl erzeugen: Welche Situationen sind das? Wo haben Sie sich das letzte Mal richtig und nützlich gefühlt?

7. Waage-IC/Widder-MC

Prägung: Glaubenssätze im Familiensystem

»Glück ist Zufriedenheit und Harmonie.« So könnte der Untertext dieser Familie gewesen sein. Disharmonien und Konflikte wurden nicht thematisiert, sondern eher vermieden. Außerdem geht es mit Waage am IC sehr um die zwischenmenschlichen Verbindungen sowie darum, Stil, Ästhetik und Kunst zu leben. Der Fokus lag nicht auf dem Einzelnen, sondern auf dem harmonischen Zusammenspiel der Familienangehörigen.

Atmosphäre der Kindheit

Waage am IC lässt darauf schließen, dass die Eltern eine starke Verbindung hatten oder aber dass man als Kind zum Partner eines Elternteils wurde. Unstimmigkeiten werden möglichst aus den seelischen Prozessen herausgehalten, jeder bemüht sich darum, eine gute Stimmung zu schaffen. Bindung gibt die Basis.

Ort der Ressourcen

Der Ort der Ressourcen ist das Wir, weniger das Ich. Der Rückzugsort bringt ins Gleichgewicht zurück und man möchte sich mit anderen austauschen. Starke Verbundenheit mit einem Menschen schafft das Vertrauen für die Welt. Schöne Orte und angenehmer Zeitvertreib lassen einen auftanken und führen in die Balance zurück.

Berufung und Positionierung in der Gesellschaft

Hier erfüllt sich die Aussage, dass hinter jedem erfolgreichen Menschen ein starker Partner steht, der zu ihm hält. Waage am IC bedeutet Widder am MC. So folgen wir auf der Gesellschaftsbühne unseren Impulsen, experimentieren und wagen uns auf Pioniergelände. Das alles allerdings nur mit dem Background eines Menschen, der zu uns hält, berät und nach Unruhe und Stress auf der Berufs- und Berufungsebene wieder für Entspannung sorgt.

Wo komm ich her, wo will ich hin?

Die Balance des Waage-IC und eine harmonische Partnerschaft geben uns die Kraft für die Alleingänge auf der Gesellschaftsbühne. Nur dann gewinnen wir den Mut, um Neues auszuprobieren, weil wir tatsächlich die Verbindung brauchen, um etwas zu tun. Ansonsten werden wir aktivistisch, legen wild los, ohne Ziel oder Plan, besser gesagt ohne die Beziehung zu Menschen, die uns Feedback geben können, uns spiegeln und im besten Fall auch dafür bewundern.

HIMMEL UND ERDE

* Sie befinden sich in der Ausgangsposition von Seite 23 und verlagern Ihr Gewicht mit geschlossenen Augen auf den rechten Fuß. Diese Seite symbolisiert Ihre Person, das, was Sie ausmacht und was Sie einbringen, einer der Pfeiler Ihrer Grundfeste.
* Dann verlagern Sie das gesamte Gewicht auf den linken Fuß und lassen das Bild des Menschen entstehen, mit dem Sie in Verbindung stehen. Es kann der Partner oder auch der beste Freund sein, mit dem Sie sich am meisten austauschen.
* Danach verlagern Sie das Gewicht wieder auf den rechten Fuß und stellen sich dabei Ihren Vater vor.
* Verlagern Sie das Gewicht wieder auf links mit der Vorstellung Ihrer Mutter.
* Verteilen Sie Ihr Gewicht nun gleichmäßig auf beide Beine. Das sind Ihre zwei Säulen, ein männlicher und ein weiblicher Anteil (dies ist nicht geschlechtlich gemeint).
* Nehmen Sie die Hände vors Brustbein. Atmen Sie tief ein, öffnen Sie die Augen, nehmen Sie die Arme zur Seite, die Hände zu Fäusten geballt.

- Bringen Sie Spannung in den ganzen Körper und atmen Sie auf den Laut »HA« aus. Dabei bitte leicht in die Knie gehen, die Arme beugen und ruckartig an den Körper heranziehen.
- Das Ganze zehnmal wiederholen.

8. Skorpion-IC/Stier-MC

Prägung: Glaubenssätze im Familiensystem

»Was wir hier besprechen, bleibt unter uns.« Mit Skorpion am IC gibt es innerhalb einer Familie viele Geheimnisse, ausgesprochen und unausgesprochen. So kann zum Teil nicht mehr unterschieden werden, was nach außen dringen darf und was nicht. Mit Skorpion am IC bleibt vieles im Unbewussten verborgen. Starke Instinkte spüren aber genau, was los ist, ohne dass dies in Worte gefasst wird.

Atmosphäre der Kindheit

Es gibt intensive Gefühlsbande und die Familie wirkt als in sich geschlossenes System. Im günstigen Fall kann man sich hier mit seinen Tabus und Geheimnissen anvertrauen und weiß, dass diese geschützt sind und nicht nach außen dringen. Es kann aber auch sein, dass es belastende Dinge innerhalb des kollektiven Familienschicksals gibt, die gespürt werden, ohne dass Aufklärung stattfindet.

Ort der Ressourcen

Wir brauchen mit Skorpion-IC einen Ort, an dem wir uns immer wieder erneuern können. Fernab äußerer Einflüsse wird das Zuhause zum absoluten Rückzugsort, in den niemand eindringen darf. Das, was dort stattfindet, geht auch niemanden etwas an. Regeneration findet hier, unter anderem, auch über Sexualität statt.

Berufung und Positionierung in der Gesellschaft

Menschen mit Skorpion am IC verfügen über eine starke Regenerationsfähigkeit und Belastbarkeit. Wenn wir unser Zuhause als Kraftort erfahren, außerdem bereits starke kollektive, mitunter extreme Themen im Familiensystem kennengelernt haben, kann uns der Platz in der Gesellschaft als sicherer Ort erscheinen.

Stier am MC eröffnet den Raum von Beruf und Berufung, unter anderem auch, um der Intensität des Zuhauses zu entfliehen. Mit Stier am MC gibt es eine starke Beharrlichkeit beim Verfolgen dessen, was uns Halt und Sicherheit gibt, in diesem Fall der Beruf und die Berufung. Wir werden zum Dauerbrenner für das, was wir uns vorgenommen haben.

Wo komm ich her, wo will ich hin?

Mit Skorpion am IC haben wir bereits Schuldthemen kennengelernt. Die Schattenseiten jeglicher Verbindungen sind uns bekannt, auch der Einblick in tief greifende Wandlungskrisen ist uns nicht fremd. Mit Stier am MC möchten wir etwas Ewiges und Stabiles schaffen – als Pendant zum Werden und Vergehen.

HIMMEL UND ERDE

- In der Ausgangsposition von Seite 23 spüren Sie zunächst in Ihre Körperachse. Nehmen Sie sich so viel Zeit, wie Sie brauchen, um diese wirklich zu spüren. Stellen Sie sich Ihre Wirbelsäule wie einen Energiekanal vor.
- Richten Sie Ihre Aufmerksamkeit auf den Bereich des Steißbeins und ziehen Sie in der Vorstellung Ihre Sitzbeinhöcker sowie Steißbein und Schambein zusammen. So als würden Sie sich verschließen. Ziehen Sie den Beckenboden hoch und den Nabel während der Einatmung nach innen. Während Sie einatmen, halten Sie den Atem so lange an, bis es unangenehm wird.
- Dann atmen Sie aus, öffnen die Augen, lassen alles los und schaukeln leicht hin und her mit einer ruhigen Atmung – und einem breiten Grinsen: die Weltenbühne als angenehme Schutzzone.

9. Schütze-IC/ Zwillinge-MC

Prägung: Glaubenssätze im Familiensystem

»Der Glaube versetzt Berge.« Häufig zeigt Schütze am IC an, dass Glaube und Philosophie eine zentrale Rolle im Familiensystem spielen. Das bedeutet nicht unweigerlich, dass jeder Mensch mit Schütze am IC aus einem Pfarrershaushalt kommt, doch in der Familie wird das eine oder andere gepredigt. Die geistige Erweiterung des Horizonts spielt eine große Rolle.

Atmosphäre der Kindheit

Großzügig, etwas weltentrückt und besonders kann hier die Atmosphäre erscheinen. Häufig ist Schütze am IC auch ein Hinweis darauf, dass Menschen im Ausland aufgewachsen sind, sodass sie schon in jüngeren Jahren Kontakt zu anderen Kulturen hatten und mit anderen Lebensphilosophien konfrontiert wurden. Das Persönliche wird immer in Beziehung zum großen Ganzen gesetzt. Alltag und Kleinigkeiten werden ausgeblendet. Mit Schütze-IC fühlen sich Menschen hier willkommen.

Ort der Ressourcen

Reisen, sowohl geistige als auch physische, bringen den Betroffenen in eine zufriedene Balance. Die stärksten Ressourcen sind der Glaube und die Zuversicht, dass etwas einen Sinn gibt. Horizonterweiterung ist das Fundament, das Zuhause braucht viele Freiräume und Entfaltungsmöglichkeiten. Beliebt und stärkend sind auch mehrere Wohnorte.

Berufung und Positionierung in der Gesellschaft

Schütze am IC erlebt die weite Welt als Ressource. Deshalb ist der Platz in der Gesellschaft eher der Ort, um neues Wissen zu sammeln. Die Erkenntnisse daraus entstehen im Rückzug. Prägende Lebensweisheiten wurden von zu Hause aus mitgegeben. Deshalb wird die Welt als flirrende Wirkfläche wahrgenommen, in der man vieles ausprobieren und testen kann.

Wo komm ich her, wo will ich hin?

Menschen mit Schütze-IC kommen häufig aus wohlhabenden Familien oder aus Familien mit unterschiedlichen Kulturen. Die Welt als Ganzes ist die Basis, um innerhalb der Gesellschaft einiges auszuprobieren. Mehrere Berufe sind hier häufig, ebenso einige Berufswechsel. Im Betätigungsfeld spielt Kommunikation eine wichtige Rolle. Es braucht viele unterschiedliche Erfahrungen, um die mitgebrachte Lebensphilosophie immer wieder einem Update zu unterziehen, um festzustellen, dass man nicht alles weiß. Die Freiheitsliebe ist groß.

HIMMEL UND ERDE

* Stehen Sie aufrecht in der Ausgangsposition von Seite 23 und breiten Sie Ihre Arme wie Flügel aus: Stellen Sie sich dabei vor, Sie gleiten in Freiheit über eine vertraute Landschaft.
* Dann landen Sie in der Landschaft, die Ihnen das Gefühl von Freiheit und gleichzeitig von Zu-Hause-Sein gibt.
* Öffnen Sie nun die Augen und nehmen Sie mit allen Sinnen wahr, wo Sie sind, welche Menschen Sie hier begleiten, welchen Boden, sofern vorhanden, Sie unter sich spüren.
* Schließen Sie die Augen wieder und stellen Sie sich alles vor, was vor Ihnen liegt: Orte, Beschäftigungen, Menschen, all das, was Ihre Neugier weckt.
* Verankern Sie dieses Bild und bleiben Sie für einen kurzen Zeitraum dabei. Öffnen Sie die Augen und schreiben Sie auf, was Sie in den nächsten vier Wochen Neues ausprobieren wollen.

10. Steinbock-IC/Krebs-MC

Prägung: Glaubenssätze im Familiensystem

»Ohne Fleiß kein Preis.« Mit Steinbock am IC ist die Wurzel tief, doch auch verpflichtend. Die Ahnengalerie ist lang und die Menschen der Vergangenheit haben wahrscheinlich einiges geleistet. Steinbock am IC bietet einerseits eine starke Verwurzelung, doch die Messlatte des Familiensystems ist hoch. Das kindlich Verspielte findet wenig Raum zur Entfaltung. Häufig ist Steinbock-IC auch damit verbunden, sofort in der Verantwortung zu sein – für ein Familienmitglied oder für den Ruf der Familie.

Atmosphäre der Kindheit

Eine gewisse Strenge durchzieht die heimische Atmosphäre, gleichzeitig auch ein hohes Maß an Verantwortungsbewusstsein, insgesamt etwas karg und dennoch verlässlich. Eigenverantwortung wird hier schon früh mit auf den Weg gegeben. Steinbock am IC ist nicht der kuschlige Nestplatz für den Rückzug, sondern eher die Burg, in der die Zugbrücke hochgezogen wird.

Ort der Ressourcen

Ein stärkerer Rückzug als bei dieser Konstellation ist kaum möglich. Wir tanken durch Ruhe auf und brauchen Zeiten für uns allein. Außerdem gibt es das dringende Bedürfnis, Türen zu schließen. Die stärkste Kraftquelle ist die Stille, um Klarheit zu finden, um sich wieder zu zentrieren. Wichtige andere Ressourcen sind die eigene Widerstandskraft und das Bewusstsein der Eigenverantwortung.

Berufung und Positionierung in der Gesellschaft

Hier sind die Achsen vertauscht. Der IC befindet sich im Exilzeichen Steinbock. Was wir sonst normalerweise erst im Außen kennenlernen, wenn wir in die Gesellschaft heraustreten, ist uns bereits in der Kindheit klar. Das Verantwortungsthema liegt innerhalb der Familie, sodass wir in der gesellschaftlichen Welt eher das Familiäre leben. Denkbar ist hier auch das traditionsreiche Familienunternehmen, bei dem wir wissen, was wir im Erwachsenenleben arbeiten werden: Es ist vorgegeben und wir setzen die Tradition fort.

Wo komm ich her, wo will ich hin?

Falls die kindliche Atmosphäre weniger Spielraum zulässt, in dem wir uns langsam orientieren, sondern bereits viele Vorgaben existieren, brauchen wir das Gegenstück dazu im gesellschaftlichen Kontext. Der Motor unseres beruflichen Seins ist die emotionale Verbindung zu anderen. Kollegen werden zur Familie und wir arbeiten gern daran, dass es allen um uns herum gut geht. Ohne emotionale Beziehungen steht uns keine Kraft zur Verfügung.

HIMMEL UND ERDE

* Unsere Ausgangsposition von Seite 23 ist schon ganz Steinbock: aufrecht und stabil. Stellen Sie sich vor, wie Sie sich tief und fest verwurzeln. Das ist Ihr Fundament.
* Spüren Sie, welche Verantwortungen auf Ihren Schultern liegen und ob Sie dies vielleicht als Last oder Bürde spüren.
* Imaginieren Sie Ihren Rückzugsort und bleiben Sie dennoch aufrecht stehen.
* Nun können Sie von hier aus langsam die Lasten abgleiten lassen und nach

und nach immer kleiner werden. Stellen Sie sich dabei Ihre Eltern vor, die sich hinter Ihnen befinden und Ihnen manches abnehmen.

* Gehen Sie ganz langsam in die Hocke, sodass Sie nicht das Gefühl von Zusammensacken, sondern von kuschligem In-die-Geborgenheit-Gehen spüren können. Sie sind getragen von all Ihren Ahnen, die es gut mit Ihnen meinen.
* Bleiben Sie für einige Momente in der Hocke. Ruhen Sie sich aus und vertrauen Sie auf Ihre starke Wurzel.
* Wiederholen Sie diese Übung ein paarmal.

11. Wassermann-IC/ Löwe-MC

Prägung: Glaubenssätze im Familiensystem

»Lebe lieber ungewöhnlich.« Mit Wassermann am IC kommt man in einer sehr besonderen Familie an, entweder durch spezielle Rollenverteilungen innerhalb der Familie oder durch ungewöhnliche Bedingungen für die Familie. Hier finden sich sehr unkonventionelle Lebensformen.

Atmosphäre der Kindheit

Menschen mit Wassermann am IC sind Unkonventionelles gewohnt. In der heutigen Zeit könnte dies zum Beispiel durch Genderthemen repräsentiert werden. Das Zuhause ist meist keine feste Einrichtung, sondern eher ein Wohnmobil. Der Begriff »Heimat« kann ein Fremdwort sein. Wassermann-IC ist ein Nestflüchter.

Ort der Ressourcen

Wir tanken durch Veränderung auf und bringen viel Flexibilität mit. Unterwegs zu sein, erzeugt das Gefühl von Geborgenheit. Die stärkste Ressource ist die eigene Flexibilität. Zu experimentieren und keine Pläne zu haben, auch wenn wir nach Hause kommen, gibt uns Kraft. Wir bevorzugen das Leben in einer Gemeinschaft, in Wohnprojekten und Wohngemeinschaften.

Berufung und Positionierung in der Gesellschaft

Wassermann-IC weiß, dass nichts beständig ist. Umso wagemutiger können wir in die Welt hinausgehen. Wir wollen als einer von vielen etwas Besonderes sein – mit dem Auftrag, es anders zu machen und anders zu sein.

Löwe am MC bringt viel feurige Initiative und Leistungsvermögen für all das mit, was neu ist und Spaß macht. Wir übernehmen gern Führungspositionen und tanzen auf mehreren Hochzeiten.

Wo komm ich her, wo will ich hin?

Aus einem innovativen und bisweilen unruhigen Zuhause stammend, eventuell noch dazu woanders aufgewachsen, empfinden wir die Welt als unsere, weil wir uns recht angstfrei bewegen können. Wir wissen, dass wir eine große Portion an Erfindergeist mitbekommen haben. Wir brauchen und schaffen uns unser eigenes Reich.

HIMMEL UND ERDE

* In der Ausgangssituation von Seite 23 fangen Sie an, zu hüpfen und zu springen. Stellen Sie sich vor, Sie sind vollkommen leichtfüßig und haben Sprungfedern unter den Füßen.
* Wenn Sie so weit sind, machen Sie einen hohen Sprung.
* Bleiben Sie direkt danach stabil stehen, schauen Sie nach vorn und bringen Sie spontan eine Geste der Präsentation hervor. Im Sinne von: »Tada! Da bin ich! Los geht's.« Sie springen also auf eine stark ausgeleuchtete Lebensbühne, werden erwartet und der Beifall kommt garantiert.
* Wiederholen Sie das Ganze mehrmals und vergessen Sie dabei nicht, sich wirklich zu spüren.

12. Fische-IC/Jungfrau-MC

Prägung: Glaubenssätze im Familiensystem

Der Leitsatz hier könnte lauten: »Lebe deine Träume.« Das Familiensystem ist bei dieser Achse von Wünschen, Sehnsüchten und Träumen durchzogen. Wir haben Sehnsucht nach einem Zuhause, das wir auf der Erde eventuell gar nicht finden: Heimat als heiliger Ort, ein Ort, an dem wir uns verlieren können.

Bisweilen erleben Menschen mit diesem IC die eigene Familie auch als extrem chaotisch – oder aber als Ideal: Dazwischen gibt es nur wenig.

Atmosphäre der Kindheit

Fische am IC zeigt eine Atmosphäre auf, in der wir entweder zeitweise untergehen oder aber das Wunschkind sind, dem alle Aufmerksamkeit zukommt. Vieles bleibt unausgesprochen, der Fokus liegt auf Spüren und Fühlen. Häufig finden sich hier hochsensible Menschen mit einer starken Intuition. Künstlerische Atmosphäre und wenig Planmäßigkeiten prägen die Kindheit. Man verweilt in der starken Verbindung mit mindestens einem Elternteil.

Ort der Ressourcen

Die stärkste Ressource ist das Träumen. Wir brauchen ein Zuhause, in das wir eintauchen können, ungestört, ohne Zeitdruck. Kunst, Poesie und das Versinken in Tätigkeiten, die keinen Auftrag haben, sind unsere Kraftquellen, ebenso Meditation und Musik.

Wir brauchen mehr Rückzug als andere Menschen, um das aufzuarbeiten, was wir erleben. Wir nehmen mehr wahr, als gesagt wird, brauchen das Gefühl, im Fluss zu sein, sind nicht besonders stressresistent.

Berufung und Positionierung in der Gesellschaft

Die Tiefe unserer Wahrnehmung lässt uns in der Welt nach Ordnung suchen und Bereiche finden, die uns das Gefühl von Halt und Sicherheit geben. Sie sind notwendig, um uns in die Orientierung zurückzuführen und um zu wissen, wer wir sind. Was wollen wir in der Welt? Gibt es überhaupt einen Platz für uns? Beruf und Berufung geben uns das Gefühl, gebraucht zu werden. Doch weniger, um jemanden zu retten, sondern eher, um das Gefühl zu haben, wirklich da zu sein.

Wo komm ich her, wo will ich hin?

Fische-IC kann das traumhafte Zuhause sein, doch auch ein Ort, der uns in die Desorientierung schwimmen lässt. Manchmal ist es zu Hause einfach viel zu schön, als dass man hier rausmöchte.

Wenn wir die Regeln und das Sortieren des Jungfrau-MC schätzen, werden wir sehr verlässlich. Diese Achse ist sehr stark dadurch gekennzeichnet, dass wir uns für andere einsetzen, Hilfsbereitschaft zeigen, vielleicht auch aus einem eigenen tiefen Gefühl der Hilfsbedürftigkeit heraus.

HIMMEL UND ERDE

* In der Ausgangsposition von Seite 23 schließen Sie die Augen. Spüren Sie in den Untergrund Ihrer Füße. Imaginieren Sie einen Holzboden, dann die Baumstämme eines Floßes.
* Stellen Sie sich vor, Sie stehen auf einem Floß, das über einen weiten Ozean gleitet. Es ist kaum Wind, die See ist ruhig und um Sie herum ist nur glitzerndes Wasser. Das Floß schaukelt leicht vor sich hin.
* Vielleicht gehen Sie in die Hocke.
* Dann taucht eine fruchtbare Insel auf, bewohnt und freundlich wirken die Bauten dieser Insel. Sie lassen sich treiben. Es ist warm, es braucht Zeit, doch irgendwann erreichen Sie die Insel und dann machen Sie einen Schritt aus der hockenden Position heraus und erreichen das Land.
* Gehen Sie wieder in die Ausgangsposition und spüren Sie nun den festen Boden unter den Füßen.
* Sie können diese Übung wiederholen und zwischen Floß und Land hin und her fantasieren: So, wie es sich gut und für Sie richtig anfühlt und Ihnen Orientierung gibt.

DIE SONNE IN DEN VERSCHIEDENEN ZEICHEN

ASTROCOACHING FÜR JEDES STERNZEICHEN

Bevor wir uns die einzelnen Sternzeichen näher anschauen und Sie zu jedem Sonnenzeichen eine Übung kennenlernen, möchte ich Sie bitten, etwas zu überprüfen. Sehr häufig gehen wir, vor allem wenn wir Coaching- und Bewusstseinsbücher lesen, davon aus, dass uns etwas fehlt. Wir sind auf der Suche nach Erklärungen oder auf der Suche nach einer Bestätigung dafür, dass wir noch etwas brauchen, um besser, erfolgreicher, entspannter, zufriedener, glücklicher, kurzum anders zu werden, als wir sind.

Zumindest habe ich diese Erfahrung bei mir selbst sowie auch bei zahlreichen Klienten in meiner Praxis gemacht. Wir erzählen uns sehr häufig, was wir alles nicht können, eigentlich müssten, bisher noch versäumt oder nicht erledigt haben. Kurzum, so, wie es ist, ist es uns nie genug, es ist nicht wirklich richtig – es könnte besser und anders sein.

Diese innere Einstellung lässt auf ein tiefes Mangelbewusstsein schließen, das wir oft jahrzehntelang mit uns herumtragen. Mangelbewusstsein hat verschiedene Ursachen. Zum einen kann unser Ego ein mächtiger Treiber sein, um ständig und immer alles anders haben zu wollen, als es ist. Unser Ego ist kein Freund vom Jetzt: Das anzunehmen, was ist, fällt ihm schwer. Mangelbewusstsein kann jedoch auch durch traumatische Erlebnisse entstehen. Je nach Ursache müssen wir damit unterschiedlich umgehen: An unserem Ego können wir arbeiten, doch Traumata brauchen eine therapeutische Begleitung.

Die nachfolgenden Übungen sind so ausgerichtet, dass Sie diese allein ausprobieren können. Sie können damit experimentieren, vielleicht reicht auch nur das Wissen um diese Übungen, um Hilfreiches herauszufinden, unerwünschte Verhaltensweisen zu minimieren und um mehr Zufriedenheit zu erleben.

Wenn wir jedoch traumatische Erfahrungen lösen wollen, brauchen wir andere Menschen, und zwar erfahrene Therapeuten sowie das Gefühl, in Sicherheit zu sein und Beständigkeit zu erleben.

Ich schreibe dies, um Ihnen zu vergegenwärtigen, dass Coachings, Übungen und Experimente ihre Grenzen haben. Dies zu respektieren ist wichtig, weil wir ansonsten genau das Gegenteil dessen erleben, was wir uns wünschen. Die erwünschte Leichtigkeit stellt sich nicht ein, unser Leben kann sogar instabiler werden.

Betrachten Sie diese Einführung als eine Art Packungsbeilage für Risiken und Nebenwirkungen von Selbstcoachings und muten Sie sich bitte auf keinen Fall zu viel zu. Es ist heutzutage zum Glück keine Schande mehr, professionelle Hilfe in Anspruch zu nehmen. Im Gegenteil: Es ist ein Zeichen von Klugheit! Gehen Sie also feinfühlig mit sich selbst um.

Unsere Sinne und wie wir die Welt wahrnehmen

Wir Menschen nehmen unsere Welt mit unseren Sinnen wahr – sehen, hören, fühlen, riechen und schmecken. Auf diese Art und Weise schaffen wir uns Orientierung. Wir nutzen folgende Sinne, und zwar mehr oder weniger intensiv:

V = visuell (sehen)
A = auditiv (hören)
K = kinästhetisch (fühlen)
O = olfaktorisch (riechen)
G = gustatorisch (schmecken)

Jeder Mensch nutzt seine fünf Sinne auf eine andere Art und anders zusammengestellt. Das kennen Sie beispielsweise vom Lernen: Visuelle Typen lernen besser, wenn sie etwas sehen oder lesen, während auditive Menschen Informationen besser beim Zuhören verarbeiten.

Doch es kann auch zu massiven Einschränkungen unserer Sinneswahrnehmung kommen. Denn solange wir in erster Linie mit unseren Gedanken beschäftigt sind oder uns in einem traumatischen Zustand befinden, arbeiten unsere Sinne eingeschränkter. Jeder von uns kennt die Erfahrung, dass wir die Welt um uns herum kaum mehr bewusst wahrnehmen können, sobald wir uns in ein Thema verbissen haben, das uns schlechte Gefühle verursacht.

Einen solchen Zustand meiner Klienten konnte ich häufig an deren sichtbar eingeschränkten Wahrnehmungsmöglichkeiten erkennen: Bemerken sie frische Blumen im Raum, den Duft oder ein Bild an der Wand? Ist der Sessel bequem?

Gut orientiert zu sein, ist eine der wichtigsten Grundvoraussetzungen für jegliche Form von Übungen und Coachings. Nur dann sind wir offen für Einsichten und entsprechend auch für Veränderungen.

Augenbewegungen als Hinweisgeber

Für sich selbst wissen Sie bestimmt, welche Sinne bei Ihnen besonders aktiv sind. Aber wie sieht das bei anderen Menschen aus? Wäre es nicht für unsere Kommunikation hilfreich zu wissen, wie wir unser Gegenüber am besten erreichen? Dann könnten wir zum Beispiel bei visuellen Typen auch mal zu Papier und Stift greifen, wenn es um komplizierte Erklärungen geht. Tatsächlich können wir an den Augenbewegungen unseres Gesprächspartners erkennen, wie er die Informationen verarbeitet. Auf der Grafik sehen Sie die Unterschiede.

Sie können bei Ihren nächsten Treffen mit Freunden experimentieren und

LINKS RECHTS

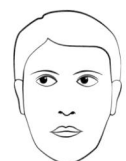
Vk Visuell konstruiert
(fantasierte innere Bilder)

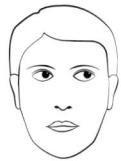
Ve Visuell erinnert
(erinnerte innere Bilder)

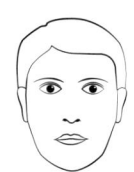
Ak Auditiv konstruiert
(fantasierte innere Klänge/Geräusche)

Visuell defokussiert

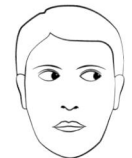
Ae Auditiv erinnert
(erinnerte innere Klänge/Geräusche)

K Kinästhetisch
(taktile Gefühle, Emotionen)

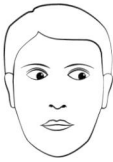
AID Auditiver innerer Dialog
(innere Stimmen, innerer Dialog)

> **ASTROCOACHING UND DIE ELEMENTE**
>
> Die fünf Sinne können wir wiederum den Elementen zuordnen:
>
> - Feuer lebt sehr mit visuellen Bildern und liebt auch alles rund um Rollenspiele und veränderte Positionen und Wahrnehmungen. Zum Element Feuer gehören die Zeichen Widder, Löwe, Schütze.
> - Erde will erfahren können, was ist. Ein starkes Erdelement ist gut über Riechen, Schmecken und Erleben zu erreichen. Zum Element Erde gehören die Zeichen Stier, Jungfrau, Steinbock.
> - Wasser braucht kinästhetische Erfahrungen, will berührt werden. Zum Element Wasser gehören die Zeichen Krebs, Skorpion, Fische.
> - Luft braucht einen ansprechenden auditiven Ansatz. Luft liebt Informationen und lernt übers Hören und Sprechen. Zum Element Luft gehören die Zeichen Zwillinge, Waage, Wassermann.

Ihre Wahrnehmung schulen. Schenken Sie Ihrem Gegenüber uneingeschränkte Aufmerksamkeit und beobachten Sie, während der andere erzählt, wohin seine Augen wandern. Sie wissen dann, woher die Gesprächsinhalte kommen:

* Links bedeutet immer: Jemand versucht, sich zu erinnern.
* Rechts bedeutet immer: Bilder werden konstruiert und nicht erinnert.
* Achtung: Bei Linkshändern ist es zeitweise spiegelverkehrt!

Probieren Sie es aus. Sie werden sehen: Es funktioniert! Unsere Augen sind nämlich direkt mit dem präfrontalen Kortex verbunden. Über diesen Teil der Großhirnrinde werden Erinnerungen und Informationen abgerufen oder wir stellen uns Zukünftiges vor. Die Arbeit mit inneren Bildern bekommt dadurch einen besonderen Stellenwert. Sicher kennen Sie die sogenannte REM-Phase beim Schlafen, in der sich die Augen ständig bewegen. In dieser Phase werden Bilder und Informationen abgerufen – durch die Augenbewegung.

♈ WIDDER

»Der Anfang ist die Hälfte des Ganzen.«

Aristoteles

Widder-Menschen stehen am Beginn des Tierkreises, sie lieben den Anfang, sie lieben es, ihren Impulsen nachgeben zu können. Nur ungern verweilen sie lange bei einer Sache. Zum Zeichen Widder gehört der Planet Mars. Mars steht für Durchsetzung, unsere innere Kraft, den Umgang mit Aggressionen und Konflikten sowie für das, was wir gern vorantreiben. Die Widder-Energie ist sehr direkt und unverschnörkelt.

In früheren Zeiten wurde Widder als Held beschrieben, als unser ureigener innerer Held. Philip Zimbardo, ein US-amerikanischer Psychologe, der zeitlebens über das sogenannte Böse forschte, ist der Meinung, dass wir uns nun in einer Art postheroischen Zeit befinden: Die neuen Helden sind anders, haben mit dem brachialen Herkules nichts mehr gemein. Er geht sogar noch weiter und behauptet: Herkules ist out, wir alle sind Helden in Warteposition. Held hin oder her, Widder-Menschen sind dem Heldenmythos nahe, haben etwas Aufbrausendes, packen Dinge direkt an, denken nicht lange darüber nach. Nicht jeder kommt mit dieser direkten, zeitweise recht schroffen Energie zurecht – den Widdern ist das meist egal.

Ein Widder braucht das Gefühl von Selbstbestimmung, will initiieren, hat viel Feuer und Temperament. Widder-Menschen brauchen die Bewegung. Sie ist ihr Blitzableiter, denn sie entzünden und erzürnen sich schnell. Genauso schnell regen sie sich auch wieder ab.

Widder können sehr bestimmend auftreten und dann blind für die Position eines anderen sein. Widder-Menschen sehen Konflikte nicht als Übel des Alltags, sondern suchen häufig diese Herausforderungen, weil sie sich dadurch angetrieben fühlen. Widder muss nicht jeden und alles verstehen. Dennoch oder gerade deswegen lohnt sich für Widder die Erfahrung verschiedener Wahrnehmungspositionen.

FALLBEISPIEL

Elke meldete sich, wie sie sagte, aus reiner Neugier für ein Astrocoaching an. Ich schicke gleich einmal eine Bemerkung voraus: Meiner Erfahrung nach sind die Themen, die Klienten angeben, meist nicht jene, die dann den Inhalt des Coachings oder der Beratung ausmachen. Zurück zu Elke. Sie sei eine Widder-Frau, ich wüsste ja Bescheid, dass sie sich deshalb nicht lange mit Themen beschäftigen wolle. Sie wäre ab diesem Jahr Rentnerin und wolle wissen, ob ein anstehender Umzug mit ihrem Mann in eine andere Stadt wohl das Richtige für sie wäre.

Ich bin keine Hellseherin, weiß aber aus Erfahrung, dass jeder Klient seine Antworten mitbringt. Nach einem kurzen Vorgespräch zeigte sich, dass Elke vor allem mit einem großen Paket voller Vorannahmen, Vorurteilen und einigen ernst zu nehmenden Partnerschaftsproblemen bei mir war: Ihr zehn Jahre jüngerer Mann wollte eine neue Stelle in einer anderen Stadt beginnen und bat sie mitzukommen. Elke, im Grundwesen selbstbestimmt, autonom und damit ganz Widder, kam eher in einen Kampfmodus mit großem Widerstand gegen gute Entscheidungen. Sie hatte nicht mehr das Gefühl, eine Wahl zu haben. Die Argumente und Wünsche ihres Mannes gingen komplett an ihr vorbei.

Damit ihr klarer wurde, dass es sich bei diesem Thema um eine Entscheidung handelte und nicht um ein Machtspiel, arbeitete ich mit ihr mit veränderten Wahrnehmungspositionen, die ich Ihnen im Folgenden beschreibe. Elke war danach in der Lage, diese wichtige Entscheidung, den Umzug, selbstbestimmt, ehrlich und in Ruhe zu treffen. Vorher fühlte sie sich lediglich überfordert und unter Druck.

In dem Moment, als sie sich in der Du-Position wahrnehmen konnte, bemerkte sie, wie anklagend sie sich verhielt. Als sie dann in die Position ihres Mannes wechselte, konnte sie wahrscheinlich zum ersten Mal erkennen, dass ihr Mann einen Wunsch aussprach: Den Wunsch, mit ihr, der Frau, die er liebte, in eine andere Stadt zu ziehen. Aus einer Sackgasse wurde ein liebevolles Angebot.

Widder-Coaching

Diese Coachingübung rund um Wahrnehmungspositionen ist für alle Menschen geeignet, die häufig in Streit geraten. Ganz besonders in etwas verfahrenen Situationen kann sie uns neue Wege und Lösungen aufzeigen. Wechseln Sie bitte möglichst unvoreingenommen in die verschiedenen Positionen, lassen Sie sich Zeit dafür und vergessen Sie währenddessen Ihre festen Meinungen und Glaubenssätze.

WAHRNEHMUNGSPOSITIONEN

Nehmen Sie sich vier verschiedene Blätter Papier und legen Sie diese in den Raum, um die unterschiedlichen Positionen zu symbolisieren:

* Position 1: Sie selbst (Ich)
* Position 2: Ihr Gegenüber (Du)
* Position 3: objektiver Beobachter
* Position 4: Metaposition (eine Position mit genügend Abstand)

Um welchen Konflikt handelt es sich? Beschreiben Sie ihn in einem Satz: Streit mit Arbeitskollegen, Mann, Tochter… Erinnern Sie sich möglichst genau an einen Ausschnitt des Dialogs. Nehmen Sie den Konflikt dann aus verschiedenen Positionen wahr:

* Treten Sie auf Position 1 mit Ihrem Satz oder der »Anklage« an Ihr Gegenüber. Nehmen Sie die Position für sich ein, mit allen Gefühlen, Gerüchen, Temperatur, Aussehen des Raums…
* Gehen Sie nun auf die Position Ihres Gegenübers und sehen Sie sich selbst in diesem Moment, wenn Sie diesen Satz sagen. Was nehmen Sie wahr? Dann werden Sie zu dieser Person und antworten, wie es im Konflikt war.
* Gehen Sie auf die Beobachter-Position und beschreiben Sie ganz sachlich und nüchtern, was Sie wahrnehmen.
* Gehen Sie auf die Metaposition mit noch mehr Abstand und beschreiben Sie, was Sie von dort aus wahrnehmen.
* Mit diesen Erkenntnissen gehen Sie nun wieder auf die Position 1 und wiederholen den Konflikt noch einmal. Dabei lassen Sie aufkommende Veränderungen zu. Dann gehen Sie erneut nacheinander auf die Positionen 2, 3 und 4. Vielleicht ist die Reaktion dort auch schon verändert, weil neue Einsichten dazugekommen sind.

Wiederholen Sie diesen Durchlauf mehrmals, bis sich die festgefahrenen Positionen verändern können. Schreiben Sie alles auf und nutzen Sie diese Erfahrung, um auch in Zukunft situationsgerecht zu agieren.

♉ STIER

»Ohne Glauben an ihre Dauer wäre die Liebe nichts,
nur Beständigkeit macht sie groß.«
Honoré de Balzac

Beständigkeit ist ein großes Thema für das Sternzeichen Stier, das erste Erdzeichen des Tierkreises. Gehen wir von verschiedenen Aufgaben aus, die jedes Tierkreiszeichen verkörpert, so hat Stier den Job, abzusichern, was ist. Schlüsselworte für Stier sind: Beständigkeit, Wertschätzung gegenüber dem, was ist, die sinnliche Wahrnehmung der Welt, der Respekt gegenüber dem eigenen Körper, der Schutz der Ressourcen, mitgebrachte Talente.

Stier bewahrt, was ist. Das brachte ihm das Vorurteil ein, eher gemütlich, faul und wenig veränderungsbereit zu sein. An dieser Stelle möchte ich Sie immer wieder bitten, sich von Ihren bisherigen Vorannahmen zu distanzieren, um Neues aufnehmen und lernen zu können. Aktuell befindet sich Stier im Wandel, unsere Wertschätzung gegenüber dem, was ist, scheint außer Kraft gesetzt worden zu sein. Während wir in spirituell-philosophischen Kreisen permanent üben, das anzunehmen, was ist, um im Jetzt zu sein, werden unsere Umwelt, die Natur, die Arten, also das, was ist, nicht mehr geschützt oder beschützt, sondern in rasanter Weise zerstört. Beständigkeit befindet sich in einer fatalen Ambivalenz. Wir suchen sie, und handeln konträr dazu.

»So einfach wie möglich, so komplex wie nötig« könnte ein Lebensmotto von Stier sein, das einem Glaubenssatz gleicht. (Es wird uns beim Zeichen Fische noch einmal begegnen.)

Stier liebt die Sorglosigkeit und formt deswegen das Leben so, dass möglichst wenig Stress aufkommt und stabile Werte etabliert werden – und immer wieder Zeit fürs Genießen bleibt. Stier liebt die Qualität, die ein Leben haben kann. Zeit spielt für Stier insofern eine Rolle, als dass er sie gern zur Verfügung hat. Stier braucht Zeit, um seine Gewohnheiten zu pflegen. Stier entfaltet seine Qualitäten durch Muße, lebt gern naturbezogen und tankt durch Ruhe und gelebte Körperlichkeit auf.

Werte sind Stier wichtig, das beschränkt sich jedoch nicht nur auf Materielles, selbst wenn er dies schätzt. Er liebt Werte, die dem Leben Sinn verleihen – selbst wenn er darüber gar nicht viel nachdenken wird oder will.

Die folgende Übung spürt Ihre ganz persönlichen Werte auf. Sie stellen ein wunderbares Navigationssystem dar, mit dem Sie sich besser zurechtfinden können – auch in Zeiten wie diesen, wenn viele Menschen auf Werte pfeifen und auch gesellschaftlich ein Werteverlust erfahren wird.

Stier-Coaching

Es gibt Phasen im Leben, in denen wir wunderbar funktionieren, alles läuft, wir sind beschäftigt, unser Terminkalender ist voll. Bis wir dann eines Nachts wach daliegen und uns fragen: »Was mache ich eigentlich die ganze Zeit? Und wofür?« Dies kann den Moment signalisieren, in dem uns unsere Werte abhandengekommen sind. Irgendwann hatten wir sie. Unsere Identität wurde dadurch geprägt, unsere Partner- und Berufswahl, unsere Aktivitäten und Hobbys. Unser Leben ist jedoch in stetiger Veränderung. Unsere Werte bleiben manchmal ein Leben lang die gleichen, dennoch ändern sich unsere Prioritäten und dadurch verändert sich unsere Wertehierarchie ebenfalls.

Werte geben uns Orientierung im Leben und Sinn. Werte motivieren uns für das, was wir tun und was wir sein lassen. Ohne Werte und die Verwirklichung dieser geraten wir in eine starke Ambivalenz, die dauerhaft Stress verursacht.

Meiner Erfahrung nach stehen wir uns häufig selbst im Weg, wenn es darum geht, Werte zu nennen. Uns fallen keine ein oder wir reagieren eher fremdbestimmt und nennen jene, die unserem Umfeld gefallen würden, wie zum Beispiel Toleranz oder Hilfsbereitschaft. Deshalb mein kleiner Hinweis an dieser Stelle: Überprüfen Sie bei dieser Übung immer, ob es wirklich Ihre Werte sind oder eher die Ihrer Familie, Ihres Partners…

Ich nenne nachfolgend einige als Beispiele, damit Sie in Fluss kommen: Kreativität, Spontanität, Verbindlichkeit, Vertrauen, Treue, Humor, Flexibilität, Freiheit, Verbundenheit, Gelassenheit, Abenteuer, Harmonie…

Sinnhaftigkeit
Freiheit
Individualität
Vertrauen
Zuverlässigkeit
Ehrlichkeit
Humor
Gemeinsamkeit
Leidenschaft
Toleranz
Freundschaft
Kreativität

WERTE-ARBEIT

Nun zur eigentlichen Übung. Lassen Sie sich für jeden Part etwa zehn Minuten Zeit:
* Schreiben Sie auf zehn Zettel zehn Werte rund um Ihren Beruf.
* Schreiben Sie auf zehn Zettel zehn Werte rund um Liebe und Partnerschaft.

Beginnen Sie mit einem der beiden Bereiche und ordnen Sie die Zettel in eine sogenannte Wertehierarchie. Welcher Wert ist Ihnen am wichtigsten? Welcher danach? Der Wert mit der höchsten Priorität liegt oben.

Jetzt gehen Sie Ihre Reihenfolge noch einmal im Einzelnen durch und vergleichen Wert 1 mit Wert 2 und fragen sich: »Was ist mir wichtiger?« Zum Beispiel: »Was ist mir wichtiger innerhalb meiner Beziehung: Achtsamkeit oder Humor?«

Falls der Humor nun gefühlt doch wichtiger wird, rückt dieser über die Achtsamkeit. So gehen Sie die Werte durch und vergleichen, bis Sie zum Schluss eine hier und jetzt gültige Werteskala haben.

Nun schreiben Sie diese Werte in eine Liste und hängen sie auf. So werden Sie oft daran erinnert – und die Werte bekommen mehr Präsenz in Ihrem Leben.

Außerdem können Sie nun Ihren Arbeitsplatz und Ihre Partnerschaft prüfen: Werden alle Werte verwirklicht? Wow! Werden viele Ihrer Werte verwirklicht? Ein guter Grund mehr, motiviert zu bleiben! Werden nur sehr wenige Werte verwirklicht? Dann wissen Sie jetzt, was in Ihrem Leben verändert werden will! Sie können damit beginnen und wissen, was Sie suchen, was Sinn ergibt oder wovon Sie gleich die Finger lassen. Denn dort, wo wir keine Werte verwirklichen können, kann kein Sinn entstehen. Oder anders ausgedrückt: Wir leben an uns vorbei. Unsere

DIE SONNE IN DEN VERSCHIEDENEN ZEICHEN

> URANUS IM STIER – EINE KONSTELLATION DES UMBRUCHS
>
> Der Planet Uranus, Symbol für Veränderungen, befindet sich noch bis 2024 im Zeichen Stier. In dieser Zeit werden wir einen starken Wertewandel und Umschwung erleben. Das Sternzeichen Stier wird in dieser Phase revolutioniert. Stier ist ein Symbol für die Natur und Natürlichkeit. Diese verändert sich extrem, weil wir Menschen sie zerstören. Stier ist ebenfalls ein Symbol für Reviere und Territorien. Auch hier werden wir eine Revolution erleben. Geld und Zahlungsmittel werden in der Form, wie wir sie jetzt kennen, wahrscheinlich zunehmend verschwinden. Wir bewerten und bemessen vieles danach, was es kostet oder was wir dafür bekommen werden. Uranus im Stier könnte nun diese Denkweise auf den Kopf stellen. All das könnte sich zum Beispiel folgendermaßen auswirken: Grundeinkommen für alle; einheitliche Rente; Zahlungen nur mit Kreditkarten, dadurch hohe Transparenz im Kaufverhalten; künstlich hergestellte Nahrungsmittel, weil zerstörte Böden und Giftstoffbelastungen zu hoch sind; Insektensterben führt dazu, dass Nahrungsketten zerstört werden; Entwicklung von Technologie zur Rettung der Umwelt. Das sind nur wenige Beispiele und manches davon wird bereits umgesetzt.

Werte sind ein wichtiger Aspekt für unser Fundament. Nur mit ihnen können wir uns körperlich und geistig wohlfühlen.

Im Tierkreis ist das Zeichen Stier das zweite Tierkreiszeichen und repräsentiert unter anderem auch unser Revier, unsere Talente, das, was uns Sicherheit gibt. Wenn Sie sich noch eine Erweiterung wünschen, dann können Sie noch Ihre Talente aufschreiben. Nun haben Sie drei Listen:

* Werteskalen für Ihre Beziehungen und Freundschaften,
* Werteskalen für ihren Beruf,
* Ihre Talente-Liste.

Die drei bilden zusammen einen guten Guide, um in Zukunft leichter Entscheidungen zu treffen, das zu tun, was Ihnen wirklich entspricht, und um das Beste aus sich herauszuholen.

♊ ZWILLINGE

»Die Sprache ist die Kleidung der Gedanken.«
Samuel Johnson

Das erste Luftzeichen des Tierkreises, Zwillinge, repräsentiert unsere Sprache und unser Denken. In einer zunehmend vergeistigten Welt, schnell und witzig, flatterhaft und kurzlebig, mit Fake News gespickt und unzähligen Informationen, die um unsere Aufmerksamkeit buhlen, nehmen Zwillinge und der dazugehörige Planet Merkur eine Sonderstellung ein. Denn wir befinden uns im interessanten, sowohl über- als auch unterschätzten Bereich der Kommunikation.

Wir sind die einzige Spezies auf diesem Planeten, die über eine solch wundervolle Vielfalt des sprachlichen Austauschs verfügt, nutzen sie aber häufig sehr eingeschränkt. Einer der Hauptgründe dafür: Wir identifizieren uns mit unserem Denken und glauben, das sei unsere Identität. Wenn Sie sich einmal einen Tag lang ganz bewusst machen, was Sie von morgens bis abends denken, erkennen Sie Ihre inneren Muster, Ihre innere Stimme, Ihre inneren Begleiter. Zum Beobachter der eigenen Gedanken zu werden, erfordert viel Aufmerksamkeit. Sie nehmen in dem Moment eine sogenannte Metaposition ein.

Zwillinge wollen auditiv und sprachlich begeistert werden, die Aufmerksamkeit will geweckt werden. Neues dazuzulernen ist für Zwillinge-Menschen wichtig, neu zu denken ebenso. Zu viel zu denken kann jedoch auch sehr destruktiv sein. Zudem können Worte Waffen sein. Vor allem dann, wenn uns eine wirklich konstruktive Streitkultur fehlt.

Andersherum können wir durch das bewusste Denken unser Wohlbefinden stärken, unsere Lernmöglichkeiten erweitern, Perspektiven schaffen, unser Leben positiv verändern und unsere Beziehungen verbessern. Zwillinge, das erste Luftzeichen des Tierkreises, ist ein Symbol für erneuerndes Denken. Die Coachingübung erneuert einiges und stellt Ihre bisherigen Denkmuster eventuell auf den Kopf.

Neben dem »Festhängen« in Denkmustern gibt es auch das verzettelte Denken, die »tausendundeine Idee«. Dieses Verhalten führt meist dazu, über vieles nachzudenken, jedoch wenig Plan zu haben, was nun der erste Schritt ist. Wenn wir nicht auch handeln, erzeugt dies dauerhaft ein unbefriedigendes Gefühl.

FALLBEISPIEL

Florian meldete sich für ein Astrocoaching an und teilte mir in der E-Mail bereits mit, dass er von Astrologie nicht viel halte. Die Empfehlung hätte er jedoch von einer guten Freundin bekommen, der er vertraue. Flexibel und offen für vieles wolle er einfach ausprobieren, was die Astrologie so kann: Er wolle sich beruflich verändern.

Für mich sind Anfangskontakte mit Menschen sehr aufschlussreich. Hier konnte ich sofort erkennen, dass es sich um einen Menschen handelt, der mit einigen Vorannahmen unterwegs ist, dies ist allerdings bei den meisten von uns der Fall. Weiterhin vermutete ich, dass er einiges an Sicherheit braucht, momentan einen so hohen Leidensdruck hat, dass er jeden Tipp ausprobiert. (Der Gang zu einer Astrologin ist besonders für Männer schwierig und oft mit Vorurteilen gepflastert. Ich habe viele männliche Klienten, auch in meinem festen Kundenstamm, doch der Erstkontakt war meist etwas holprig.)

Florian, Zwillinge-Geborener mit Jungfrau-Aszendent, zeigte sich sehr neugierig, wissbegierig und wirkte verzettelt. Ihm war anzumerken, dass seine Nerven strapaziert waren, er unter Strom stand, doch keine Lösung aus seinem Dilemma kannte.

Seinem Einstiegsmonolog hörte ich einfach nur sehr aufmerksam zu, studierte seine Augenzugangshinweise und seine Sprache. Die Inhalte drehten sich vor allem darum, was er nicht mehr wollte. Dabei konstruierte er viele Bilder als unannehmbare Eventualitäten. Im Anschluss an diese Denkmuster kamen der innere Kritiker, Zweifler und Relativierer zu Wort – eine große Gabe von Zwillinge-Menschen. Dann machte er wieder einen Witz. Seine Sätze waren voll von »aber«, »trotzdem«, »immer«, »nie«, also von Verneinungen und Generalisierungen.

Als klar wurde, dass seine jetzige berufliche Situation monetär unbefriedigend, geistig nicht anspruchsvoll war und die Zeit für die eigene Kunst fehlte – er war Goldschmied im Herzen –, stieg ich in die

Konversation ein. Ich schritt verbal in eine kurze Lücke seiner Denkschleifen: »Was genau würden Sie sich anders wünschen? Bitte nur in einem Satz!«

Pause seinerseits: Sein Suchprogramm ging los. Als er den Satz wieder mit: »Auf gar keinen Fall…«, begann, unterbrach ich ihn: »Entschuldigung, wenn ich Sie unterbreche, ist es Ihnen möglich, das, was Sie sich beruflich wünschen, positiv zu formulieren?«

Pause seinerseits. Pausen haben für mich einen hohen Stellenwert in Beratungen, denn in dieser Phase entstehen häufig die Lösungen. Anhand seiner Körpersprache konnte ich sehen, dass er einerseits im Suchprozess war, andererseits zunehmend nervös wurde.

Ich wollte ihm ein wenig den Druck nehmen: »Wir haben Zeit.«

»Irgendwie würde ich gern kreativer sein.«

»Okay: Sie würden gern kreativer sein. Wie genau könnten Sie kreativer sein?«

»Ich bräuchte mehr Zeit… an meiner Werkbank, fürs Goldschmieden.«

»Gut: Lassen Sie uns daraus einen positiven Satz formulieren. Und beginnen Sie diesen Satz mit ›Ich will‹.«

Gemeinsam fanden wir seinen Satz: »Ich will mehr Zeit für kreatives Goldschmieden in meinem Leben verankern.« Ein starker Zielsatz!

Nichts gegen das Aufzählen und Abwägen von Möglichkeiten. Befinden wir uns jedoch in einem Zustand der Verwirrung, Nervosität und Aktivierung unseres Nervensystems, brauchen wir Orientierung. Ein positiv formuliertes, ehrliches Ziel schafft diese Orientierung und die Fokussierung, zu der wir immer wieder zurückkehren können.

Zwillinge-Coaching

Für Zwillinge stehen Ihnen gleich mehrere Übungen zur Verfügung. Wählen Sie, was Ihnen jetzt am besten entspricht. Vielleicht gehören Sie auch zu den Menschen, die viele Ideen haben und nicht wissen, wie sie diese umsetzen können. Oder zu den »Ja, aber«-Kandidaten. Zu denen gehörte ich früher auch! Ein »Ja, aber« blockiert jedes Experiment.

ZIELARBEIT

Falls auch Sie etwas verändern wollen, jedoch nicht wissen, wo Sie anfangen sollen, eignet sich die Zielarbeit wunderbar, um den roten Faden zu finden. Überlegen Sie gut und finden Sie dann für sich Ihren Zielsatz. Überprüfen und formulieren Sie ihn, bis er für Sie stimmig ist. Falls Sie Schwierigkeiten haben, einen Zielsatz zu finden, können Sie auch eine Freundin oder einen Freund hinzuziehen. Es gibt nur einige Kleinigkeiten, die es zu beachten gilt:

* Ihr Zielsatz braucht eine positive Formulierung.
* Beginnen Sie ihn mit »Ich will«.
* Achten Sie darauf, dass Ihr Ziel im Bereich dessen liegt, was Sie selbst erreichen können. (»Ich möchte mit Neptun im Unterwasserschloss wohnen« liegt zum Beispiel nicht in diesem Bereich.)

Wenn Sie Ihren Satz haben, schreiben Sie ihn auf ein Blatt und gehen Sie dann Schritt für Schritt weiter.

ÜBUNGSBLATT ZUR ZIELARBEIT

Ihr Zielsatz:

....

1. Wir tun kurz so, als hätten Sie Ihr Ziel erreicht. Woran merken Sie, dass Ihr Ziel erreicht ist?

....

2. Wie fühlen Sie sich, wenn Ihr Ziel erreicht ist?

....

3. Wieder zurück in die Gegenwart: Was ist *jetzt* Ihr erster Schritt, um Ihrem Ziel näher zu kommen?

   ....

4. Was folgt auf diesen ersten Schritt, um beharrlich dranzubleiben?

   ....

5. Was oder wer unterstützt Sie darin, anzufangen und durchzuhalten?

   ....

6. Stellen Sie sich erneut vor, dass Sie Ihr Ziel erreicht haben: Schließen Sie für einen Moment die Augen und nehmen Sie mit allen Sinnen wahr, wie es sich anfühlt. Genießen Sie die Vorstellung und verankern Sie diese Situation.

   ....

7. Nun scannen Sie Ihre Familie und Freunde durch, die Menschen, die wichtig sind in Ihrem Leben. Angenommen, Sie haben Ihr Ziel erreicht, wie sind die Reaktionen Ihrer Lieben? Gehen Sie alle einzeln durch. Es kann sein, dass bei einigen Einwände auftauchen. Achten und würdigen Sie diese.

   ....

8. Nun befragen Sie sich, ob es Anteile in Ihnen gibt, die etwas gegen Ihr Ziel haben: Gibt es etwas, was Sie dafür loslassen müssen?

   ....

9. Wann wollen Sie Ihr Ziel erreichen? Überlegen Sie sich einen konkreten Zeitpunkt, am besten mit Datum, und überprüfen Sie, ob dies möglich ist.

   ....

10. Zurück zu 4. Was ist nun Ihr erster Schritt hin zum Ziel?

    ....

KLEINE VERÄNDERUNGEN IHRER SPRACHMUSTER

Wir hängen oft fest in unseren Gedanken. Die Hauptkennzeichen von Zwillinge sind jedoch Vielseitigkeit und Flexibilität. Die Veränderung unserer Sprachmuster bedeutet, dass wir die Aussagen nicht mehr als Realität etablieren. Bei meinem Klienten zielten meine Fragen darauf ab, ihn aus seiner wenig hilfreichen Bewältigungsstrategie der Verneinung herauszuholen.

Um die Oberfläche zu verlassen, auf der wir uns ständig im Kreis bewegen, brauchen wir die Umkehr oder einen klaren Stopp: Was wollen wir stattdessen? Die Oberflächenstruktur zeigt meistens wenig bis gar nichts davon, was ein Mensch wirklich will, wünscht, kann, möchte, herbeisehnt oder vorhat.

Häufig denken wir vieles nicht zu Ende. Es fehlt an Gründlichkeit und/oder Erkenntnis. Dafür brauchen wir Ruhe, Zeit und Leerlaufphasen des Geistes, die uns jedoch die ständigen Gedankenschleifen nehmen.

Wir können unsere Oberflächenstruktur schon durch einige kleine Veränderungen im Umgang mit unserer Sprache sehr verändern. Probieren Sie die folgenden kleinen, aber gar nicht so einfach umzusetzenden Übungen aus und gewinnen Sie dadurch mehr Genauigkeit und Klarheit:

* Streichen Sie folgende Worte aus Ihren Sätzen: immer, nie, aber, trotzdem, niemals, alle, jeder, jemand, man, andere, eigentlich.
* Keine Vergleiche mehr! Stoppen Sie Ihre Gedanken, sobald Ihnen auffällt, dass Sie sich mit irgendetwas oder irgendjemandem vergleichen.

Die nächste Übung wird Ihre Kommunikation nicht nur stark verändern, sondern auch manchen Gesprächspartner unpassend erscheinen lassen, wenn Sie die folgenden drei Aufgaben anwenden:

* Verurteilen Sie nicht.
* Beklagen Sie sich nicht.
* Kritisieren Sie nicht.

Sie werden merken, dass viele unserer Gespräche darauf basieren und dass Sie mit manchen Menschen gar keine anderen Unterhaltungen führen können.

Entscheiden Sie selbst, ob sie noch in Ihr Leben passen. Denken Sie gut darüber nach und überlegen Sie: Passt es nur heute nicht? Oder immer?

♋ KREBS

> »Was man als Kind geliebt hat,
> bleibt im Besitz des Herzens bis ins hohe Alter.«
> *Khalil Gibran*

Mit dem Zeichen Krebs treten wir nun ins erste Wasserzeichen ein. Außerdem sind wir an der tiefsten Stelle im Horoskop angekommen – und auch in einer häufig traumatisierten Welt. Verstehen Sie mich nicht falsch, ich möchte nichts pathologisieren, dennoch gibt es zwei Stolpersteine auf unserem Weg: unser Ego und unsere Traumata. Wenn Menschen mehr über sich erfahren und einiges verändern oder verbessern wollen, gibt es häufig einen Leidensdruck.

Das Zeichen Krebs ist keineswegs ein Synonym für Leiden. Die Wasserzeichen symbolisieren allerdings unsere Gefühlswelt. Krebs spült uns in das Reich unserer Kindheit zurück: Wir werden einerseits mit unseren frühkindlichen Prägungen konfrontiert, unseren Konditionierungen, andererseits können wir hier auch unseren frühkindlichen Traumata begegnen. Identitätssuche beinhaltet häufig auch die Sehnsucht nach Kindheit. Die Arbeit mit verschiedenen inneren kindlichen Anteilen ist von unschätzbarem Wert. Die Arbeit mit unseren Prägungen und Traumata würde ein dickes Buch füllen. Ich biete Ihnen hier ein Selbstcoaching an, mit dem Sie Ihre Vergangenheit oder besser deren Wahrnehmung verändern können.

Meist neigen wir eher dazu, uns an ungute oder schmerzliche Erlebnisse zu erinnern. Dann passiert jedoch oft Folgendes: Diese Erinnerungen können sehr mächtig werden und uns in einen ähnlichen Gefühlszustand wie damals katapultieren. Das passiert vor allem dann, wenn wir sie häufig erzählen. So kann es passieren, dass uns die schönen, bestärkenden Erinnerungen abhandenkommen, weil sie vollkommen in Vergessenheit geraten.

Das Zeichen Krebs ist jedoch auch das Tor zu unseren Ressourcen. Diese sind von unschätzbarem Wert. Der Mond gehört zum Zeichen Krebs, ein Symbol der Nacht sowie des Unbewussten. In meinen Beratungen frage ich manchmal gern an ungewöhnlichen Stellen des Gesprächs, welche Lieblingsspiele meine Klienten hatten oder welches Märchen den stärksten Eindruck bei ihnen hinterließ. Welchen Berufswunsch sie als Kind hatten oder welche Träume sich in ihrer Kindheit wiederholten. Anhand dieser Fragen können wir bereits einige Ressourcen aufstöbern, zu denen wir bisher keinen Zugang mehr hatten. Manchmal sind diese im Zuge der Anpassung und Sozialisation zu kurz gekommen oder tatsächlich verboten worden.

Das Schöne ist: Sie können nicht verloren gehen, denn sie sind in uns gespeichert. Wir finden sie in den tiefsten Ecken des Unbewussten – gleich einem Keller, in den wir selten gehen, sodass wir total vergessen haben, was es dort alles gibt. Krebs ist das Synonym für Kindheit, unsere Mutter, unsere Familie, unsere Anbindung sowie das Reich der Ressourcen.

Wenn uns die Verbindung zu anderen fehlt, sind wir nicht orientiert. Wir können am tiefsten und wahrhaftigsten in Verbindung gehen, wenn wir orientiert sind und uns in Sicherheit fühlen. Dann gelingt der Kontakt. Doch solange wir als schutzbedürftiges Wesen – mehr oder minder im kindlichen Angstmodus – Partnerschaften eingehen oder Arbeitsverhältnisse, finden wir keine befriedigende Ruhe, sondern geraten in Stress und damit in einen Flucht-, Kampf- oder Erstarrungsmodus. Bei den Beschreibungen des Sternzeichens Krebs wird häufig die Naturliebe erwähnt. Tatsächlich ist die Natur unser bester Guide, wenn wir desorientiert oder mit einem permanent aktivierten Nervensystem unterwegs sind. Die Natur hat etwas, was uns abhandengekommen ist: Sie ist einfach da! Sie nimmt das an, was ist, bewertet nicht, stellt nicht infrage, ist verbunden mit allem, was sie umgibt, zeigt sich in ihrer vollkommenen Möglichkeit. Nur da zu sein, ist für uns etwas schwieriger geworden. Deshalb ist die Natur in vielen Momenten der Unsicherheit, der Nervosität und des Alarmzustands ein großer Helfer.

Krebs-Coaching

Kinder werden stark von ihrer Umwelt und dem Elternhaus beeinflusst und geprägt. Jede und jeder von uns kann bestätigen, dass jedes Kind andere Verhaltensmerk-

> **GEDANKENSTOPP**
>
> Falls Sie zu viele Sorgen wälzen, bauen Sie einen Gedankenstopp ein. Sprechen Sie mit sich selbst, gern auch laut: »Stopp jetzt!« Oder: »Jetzt reicht's aber!« Verbieten Sie Ihrem Denken, diese ausfernden Probleme zu wälzen, es führt zu nichts – außer in die Abwärtsspirale.
>
> Eine positive Haltung ermöglicht es wiederum, negative Gefühle regelrecht zu löschen. Denn unsere Gedanken erzeugen Gefühle und andersherum.
>
> An dieser Stelle möchte ich Sie noch einmal darauf hinweisen, dass es nicht um positives Denken geht, sondern darum, Gedanken zu lenken, damit ein positives Erleben stattfinden kann.

male aufweist, anders in Situationen reingeht, zu anderen Zeitpunkten laufen lernt oder die Welt erkundet. Kinder zeigen früh eigene Verhaltensmerkmale, wenn ihnen die Freiheit dafür gegeben wird und wir sie nicht mit falschen Erwartungen bombardieren. In der nächsten Übung geht es um diese Ressourcen.

Der Begriff »Ressource« bezeichnet ganz allgemein den vorhandenen Bestand von etwas. Ich verwende diesen Begriff in Zusammenhang mit unserer Persönlichkeit für das, was wir mitbringen in diese Welt, für bestimmte Eigenschaften, die uns zur Verfügung stehen, die vorhanden sind, weiterentwickelt oder ausgelebt werden wollen. Wenn wir mehr Bewusstsein über unsere Ressourcen erlangen, können wir diese gezielter einsetzen. Bei der Ressourcenarbeit geht es um das Aufspüren der eigenen Ressourcen und ihren Einsatz in einer längst vergangenen Situation.

RESSOURCENARBEIT

Nun zur eigentlichen Übung. Setzen Sie sich aufrecht und bequem hin, am besten auf ein Kissen oder auf den Boden. Bitte so, dass Sie für einen Moment gut sitzen können. Falls Ihnen das schwerfällt, geht auch ein Stuhl. Stellen Sie dann Ihre Füße so auf, dass ein guter Bodenkontakt besteht. Nun richten Sie Ihre Aufmerksamkeit auf den Atem und beobachten Sie, wie er durch die Nasenlöcher ein- und wieder ausströmt. Entspannen Sie Ihre Stirn und Ihre Gesichtsmuskulatur. Versuchen Sie, alle Gedanken loszulassen, um sich ganz und gar Ihrer Atmung zu widmen. Schließen Sie die Augen.

Schritt 1: Lassen Sie nun eine Ihrer glücklichsten Kindheitserinnerungen mit allen Sinnen aufleben. (Beispiel: Ich bin mit meiner Schwester im Freibad, es ist Sommer, wir haben Ferien, wir schwimmen, essen Eis, lachen, toben und so weiter.) Wie riecht es, was schmecken Sie, was hören Sie, was für Gefühle begleiten Sie in diesem Moment?

Wenn Sie den Höhepunkt dieser positiv erlebten Situation innerlich ganz intensiv erlebt haben, lösen Sie sich langsam davon. Nehmen Sie wieder mehr wahr, wo Sie sind, wie Sie sitzen, atmen. Öffnen Sie die Augen und schauen Sie im Raum umher, damit Sie gut orientiert sind.

Nun stellen Sie sich vor, dass Sie auf diese glückliche Erinnerung schauen: Was können Sie an sich selbst wahrnehmen? Welche Ressourcen stehen dieser kleinen Person zur Verfügung? Es gibt nie nur ein inneres Kind, wir sind mit unterschiedlichen Erinnerungen und kindlichen Anteilen angereichert: Dies ist einer der glücklichen inneren kindlichen Anteile, den wir für die Ressourcenarbeit brauchen.

Welche Ressourcen standen Ihnen zu diesem Zeitpunkt zur Verfügung? (Beispiele: Neugier, Lebensfreude, Liebe, Wagemut, Genussfreude, Einfallsreichtum, Lust an der Bewegung, emotionale Verbindung …) Schreiben Sie diese Ressourcen auf. Währenddessen kann es passieren, dass Ihnen noch mehr schöne Erinnerungen einfallen. Notieren Sie dann auch die damit verbundenen Ressourcen.

Vielleicht lässt sich anhand dieser gefundenen Ressourcen sogar ein positiv formulierter Glaubenssatz wiederfinden? Etwa: »Das Leben ist schön!« – »Ich werde geliebt.« – »Jeder Tag schenkt mir neue Erlebnisse.« Schreiben Sie all diese positiven Gedanken auf.

Schritt 2: Erinnern Sie sich nun an eine schwierige Kindheitssituation. *(Bitte keine lebensbedrohlichen, traumatischen Erlebnisse, denn diese erfordern eine therapeutische Begleitung!)* Gehen Sie für einen kurzen Moment mit allen Sinnen in diese Situation wie in Schritt 1 beschrieben, nur etwas kürzer und ohne etwas aufzuschreiben. Beenden Sie die Übung und nehmen Sie wieder die Beobachterrolle ein.

Schritt 3: Sie lassen die ungute Kindheitserinnerung nun wie einen Film vor sich ablaufen. Auf dem Höhepunkt drücken Sie imaginär die Pausentaste.

Stellen Sie sich vor, dass Sie als Erwachsene(r) die in Schritt 1 gefundenen Ressourcen in die unangenehme Kindheitssituation hineintragen und diese dem Kind in dem Film übergeben. Ihrer Fantasie sind dabei keine Grenzen gesetzt!

Gehen Sie, als Erwachsene(r), dann wieder aus der Situation heraus.

Wenn Sie ganz sicher sind, dass Ihr kindlicher Anteil nun die nötigen Ressourcen hat, lassen Sie den Erinnerungsfilm weiterlaufen. Falls alles geklappt hat, wird er sich nun verändern. Und: Ihre Erinnerung wird sich verändern. Es kann sogar sein, dass sich die negativ erlebte Situation nun zum Positiven hin verändert.

Sie können durch die Wiederholung dieser Übung immer mehr Ressourcen und positive Glaubenssätze finden, die langfristig Ihren Selbstwert stärken und Ihre Identität verändern werden. Außerdem können Sie mit der Übung auch andere Situationen verändern, wie das folgende Beispiel zeigt:

Sie haben einen neuen Freund (oder eine neue Freundin) und denken, er (oder sie) ist nicht wirklich in Sie verliebt. Sie erinnern sich an eine Ressource, Sie und Ihr Vater in einer schönen Situation, die Ihnen das Gefühl gibt: »Ich werde von meinem Vater geliebt, er liebt mich und ich liebe ihn.« Dann, mit dieser Ressource des liebenden Vaters, gehen Sie noch mal zu dem Gedanken, der Gefühle auslöst. Meistens verändert sich dann dieses Grundthema, Sie denken anders, neu, und das Quälende lässt nach.

Sie können sich auch eine zukünftige Situation vorstellen, die schwierig sein könnte, um ganz bewusst die neuen Ressourcen mit hineinzunehmen.

♌ LÖWE

>»Einen Löwen interessiert nicht, was Schafe über ihn denken.
>Sei, was du bist! Deine wahre Natur ist Kraft.«
>
>*Vivekananda*

Nun kommen wir zum Herzstück des Tierkreises, zum Zeichen Löwe. Löwe ist das Synonym für Identität. Na wunderbar, könnte man nun meinen, die Löwen wissen, wie es geht, sie brauchen keine Übungen, müssen nicht an sich »arbeiten«, sie stehen ja sowieso satt und stark auf der Identitätsebene. Das kann ich aus meiner Beratungspraxis leider nicht bestätigen. Doch Löwe-Menschen bringen beste Voraussetzungen dafür mit!

Löwen sind jedoch eher selten in Beratungspraxen anzutreffen. Einer der möglichen Gründe dafür ist vielleicht ihr ausgeprägter Stolz. Ich erinnere mich gut an einen meiner männlichen Löwe-Klienten, dem es regelrecht peinlich war, in meiner Praxis zu sitzen: »Jetzt stehe ich mitten im Leben, bin erfolgreich und habe beste Aussichten. Was mache ich hier eigentlich?« Wir hatten reichlich Stoff für eine Beratung und die Peinlichkeit löste sich auf.

Die Sonne ist das Symbol für unsere Identität. Jedem Zeichen wird ein anderer Planet zugeordnet. Sonne wird dem Löwe-Zeichen zugeordnet, hier hat sie ihre stärkste Kraft, weil sie hier beheimatet ist. So ist Löwe auch im Tierkreis König und Königin. Gern wird er als »Rampensau« bezeichnet, als dominant oder narzisstisch. Löwen wird häufig ein riesiges Ego angedichtet.

Meine Beobachtung dazu ist jedoch, dass diese Urteile fast immer auf Neid basieren. Ja, so mancher wäre gern Löwe. Auch in meinem Leben gab es Zeiten, in denen ich mein Sternzeichen gern »umgetauscht« hätte. Allerdings führt uns Neid weder in einen Glückszustand noch in die Klarheit. Löwe-Geborene strahlen oft von innen heraus. Bei Löwe-Aszendenten gilt dies noch mehr!

Löwe-Geborene wirken auf viele Menschen wie ein Magnet. Sie bringen als Ressource zum Beispiel mitreißende Lebensfreude und Courage mit. Ein Löwe kann nicht im Streichelzoo abgestellt werden, selbst wenn er sich einen Schafspelz umhängt. Wie Sie aus dem Fallbeispiel erfahren werden, kann dies jedoch passieren.

Sogar so stark, dass ein Löwe meint, ein Esel zu sein.

FALLBEISPIEL

Katja meldete sich nach einem Vortrag bei mir an. Nach Vorträgen tauchen häufig noch Fragen auf, sodass sie nicht die Einzige war, die auf ein kurzes Gespräch mit mir wartete. Was mir jedoch sofort auffiel, war die große Unsicherheit, die sie ausstrahlte. Sie blickte häufig nach unten, wenn ich Blickkontakt zu ihr aufnahm. Als es endlich zum Gespräch kam, war sie nervös und entschuldigte sich für die Störung. Ich hätte ja sicherlich sehr viel zu tun und wahrscheinlich sei es auch nicht möglich, doch sie hätte Interesse an Einzelunterricht, besser gesagt, eventuell an einer Beratung. Ich blieb ruhig und freundlich, gab ihr meine Visitenkarte mit dem Hinweis, für persönliche Beratungsanfragen bitte eine E-Mail zu schreiben. Während des Vortrags war mir außerdem aufgefallen, dass sie aufmerksam mitschrieb und bereits auch einiges über Astrologie wusste.

Die E-Mail kam noch am gleichen Abend, inklusive der Geburtsdaten. Zu meiner großen Verwunderung stellte ich fest, dass sie Löwe war. Nachdem wir einen Termin gefunden hatten, kam sie zu mir, mehr graue Maus denn strahlende Löwin. Bei der Beratung zeigte sich schon nach kurzer Zeit, dass es keinen Bereich in ihrem Leben gab, den sie mit ihrer Präsenz oder mit Löwe-Strahlkraft einnahm. Zumindest klangen ihre Erzählungen nicht so. Nicht jeder Löwe-Mensch ist eine Führungspersönlichkeit oder ein charismatischer Mittelpunkt. Dennoch: Ich würde ihm weder Anpassung noch Gefallsucht zuordnen.

Sie bot sich mir recht schnell als Fan an, umschmeichelte mich, machte mir Komplimente, setzte sich selbst auf gewisse Art und Weise genau durch dieses Verhalten immer wieder herab: Zum Beispiel indem sie Vergleiche zog, bei denen sie schlecht wegkam und mein Thron immer höher wurde. Ich verhielt mich neutral, übernahm das Gespräch und leitete das Coaching ein.

Hier war also eine Löwe-Frau, die wahrscheinlich von Kindheit an sowohl traumatisiert als auch fehlgeleitet worden war. Ihre Position innerhalb der Familie war ihr unklar, ihre Erinnerungen waren schwammig und nebulös, ihre jetzige Position als alleinerziehende Mutter und im Job als Krankenschwester waren ihr ebenfalls unklar. Nichts, was sie ausmachte, schien wirklich etwas wert zu sein.

Sie sprach von ihren Unsicherheiten, wirkte stark manipulierbar. Von ihren Stärken sprach sie gar nicht, was allerdings vielen von uns schwerfällt. Ihre Sonne-Neptun-Konstellation (siehe ab Seite 131) trug dazu bei, die eigene Kraft nie für sich einzusetzen und das eigene Licht nicht strahlen zu lassen.

Allerdings beschäftigte sie sich sehr ausgeprägt damit, was andere wohl von ihr halten würden, denken könnten, wie andere sie wohl sehen würden. Das war der fast einzige Hinweis auf ein vorhandenes Ich. Um ein paar Ecken herum ist die Beschäftigung damit, was andere wohl über uns denken, ein klarer Hinweis darauf, dass wir davon ausgehen, dass dies eins der wichtigsten Dinge für andere ist. Viele von uns wären sicher enttäuscht, wüssten sie, wie sehr der Einzelne doch eher mit sich denn mit anderen beschäftigt ist!

Ich beschreibe nachfolgend eine der verschiedenen Coachingmöglichkeiten, die ich zur Stärkung der Identitätsebene vorschlug. Daneben riet ich Katja zu einer Therapie, über die sie Schritt für Schritt in ihre Löwe-Kraft zurückfand. Dies dauerte allerdings Jahre. Prozesse, die manchmal schon ein ganzes Leben andauern, sind weder durch positives Denken noch durch ein paar Coachingsitzungen nachhaltig veränderbar. Sie brauchen Akzeptanz, Zeit und professionelle Hilfe.

Löwe-Coaching

Was Sie bei anderen besonders anzieht oder abstößt, hat immer etwas mit Ihnen zu tun! Ich gehe noch weiter: Was Sie stark bewundern und was Sie stark nervt, sind Schattenanteile Ihrer selbst. Glauben wir gängigen Statistiken, dann befinden wir uns in einem Bewusstseinszustand von etwa 10 Prozent.

MODELLING

Mit diesem Coachingtool können Sie hoffentlich noch ein paar Prozent mehr Bewusstsein finden. Beim NLP gibt es den Begriff »Modelling« ebenfalls. Das nachfolgende Tool ist jedoch ein von mir entwickeltes und erprobtes Coachingwerkzeug, angeregt durch das Modelling beim NLP.

Für die Übung benötigen Sie: Schnur, Faden oder Wolle, möglichst in Rot, Steine, verschiedenfarbiges Papier, das Sie sowohl in kleinen Schnipseln als auch in großem DIN-A4-Format benutzen können.

Zunächst geht es um Ihre Lebenslinie. Wir brauchen sie nicht ganz so ausführlich, dennoch in der ganzen Lebensdauer bis jetzt. Nehmen Sie dafür den roten Faden, die Schnur oder Wolle und legen Sie sich im Raum eine Lebenslinie. Sie können nun einzelne Steine als Markierungen für besondere Lebensabschnitte nehmen. Schreiben Sie auf Zettel (möglichst in einer Farbe), was an diesen Marksteinen Ihres Lebens passierte (Einschulung, Umzug, Heirat, Geburt der Kinder, Reisen…). Nehmen Sie sich dafür ungefähr 30 Minuten Zeit.

Als Nächstes geht es darum herauszufinden, was Sie in diesen Zeiten für Fähigkeiten mitbrachten, damit dieses Ereignis möglich wurde, zum Beispiel: Einfallsreichtum, Kreativität, Schnelligkeit, Disziplin, Ausdauer, Wagemut, Neugier. Lassen Sie sich dafür Zeit. Seien Sie nicht zu bescheiden, sondern gehen Sie mit allen Sinnen in die eigene Wertschätzung. Gehen Sie zu den einzelnen Stationen, schreiben Sie die Fähigkeiten auf andersfarbige Zettel und legen Sie diese zu den Stationen. Lassen Sie alles in Ruhe auf sich wirken.

Nun denken Sie an eine Person, die Sie ganz besonders bewundern: Was genau bewundern Sie an dieser Person? Angenommen, es ist Mut: Schauen Sie nun auf Ihrer Lebenslinie entlang und entdecken Sie einen Lebensabschnitt, bei dem Sie Mut gezeigt haben.

Bravo, dann haben Sie diesen Anteil schon wiedergefunden. Denn was wir einmal entwickelt haben, kann nicht vollkommen verloren gehen. Gehen Sie außerdem immer davon aus, dass es vieles gibt, das Sie noch nicht entwickelt haben. Was Sie bewundern, steht Ihnen aber auch selbst zur Verfügung.

Verlängern Sie nun Ihre Lebenslinie in die Zukunft hinein: Gibt es etwas, das Sie gern tun würden in der Zukunft, wo genau diese Fähigkeit gebraucht wird? Gehen Sie auf Ihrer Lebenslinie zu dem Abschnitt, schließen Sie die Augen und stellen Sie sich mit allen Sinnen vor, diese Fähigkeit mitzubringen.

Dann beginnen Sie den Satz mit: »Ich werde … (zum Beispiel: mit einem Camper nach Marokko fahren) und bin (›Ich bin‹ als Identitätsebene) sehr mutig (Mut als wiederentdeckte Fähigkeit).«

Wiederholen Sie diese Übung mehrfach, um möglichst vieles, was Sie an anderen bewundern, bei sich selbst zu entdecken. Falls es Ihnen schwerfällt oder Sie nicht fündig werden, nehmen Sie eine Metaposition ein und schauen Sie aus einer distanzierten Perspektive auf sich und Ihr Leben.

Ich garantiere Ihnen: Was Sie an anderen bewundern, ist ein Teil von Ihnen. Wenn diese verschüttete Eigenschaft erneut in unser Bewusstsein tritt, können wir wieder darüber verfügen und sie einsetzen. So erfahren wir eine Verbesserung unserer Lebensqualität.

ZURÜCK ZU MEINER KLIENTIN

Sie bewunderte den Humor einer Ihrer Freundinnen, vor allem weil Sie sich selbst für humorlos hielt. (Eine starke Verneinung von Eigenschaften ist ein guter Hinweis darauf, dass es nicht stimmt!) Ich wanderte mit ihr die Lebenslinie ab und befragte sie, wann sie das letzte Mal so richtig gelacht und sich amüsiert habe. Sie berichtete mir von einer Reise, bei der alles schieflief und sie scheinbar die Einzige war, die darüber lachen konnte. Das hatte sie tatsächlich vergessen. Sie markierte mit einem Stein diesen Abschnitt als Ereignis und fügte Humor als Fähigkeit und eigenen Anteil hinzu.

Anschließend befragte ich sie, in welchem ihrer Lebensbereiche Humor guttun würde. Etwas in der Zukunft. Sie hatte eine Teamsitzung vor sich, bei der einige Neuerungen besprochen werden sollten. Da sie Humor als Fähigkeit mitnahm, konnte sie sich auf diese Sitzung freuen. Vorher hatte sie das Gefühl, nichts zum Gelingen beitragen zu können, und auch Angst davor, was wohl auf sie zukäme.

♍ JUNGFRAU

»Wir sind, was wir denken. Alles, was wir sind, entsteht aus unseren Gedanken. Mit unseren Gedanken formen wir die Welt.«
Buddha

Das Sternzeichen Jungfrau ist das zweite Erdzeichen und das letzte Sternzeichen im unteren Kreis, in der sogenannten unteren Hemisphäre des Tierkreises. Zum Zeichen Jungfrau gehört der Planet Merkur (wie auch zum Zeichen Zwillinge). Merkur bekommt einen besonderen Stellenwert, weil er mit unserem Geist, mit der Art, wie wir denken und was wir denken, verknüpft ist.

Im Zeichen Jungfrau begegnen wir dem feinen Instrument der Analyse, der konstruktiven Kritik, des Sortierens. Kurzum, wir sind im Herzen einer jeden Coachingstunde angekommen. Jungfrau hat den bisweilen mühsamen Job herauszufinden, was wirklich nützlich ist. Währenddessen kann es auch passieren, dass sie sich in Details verliert. Es ist ihr Job herauszufiltern, was anderen dient, sich selbst zurückzunehmen, zu forschen, zu verstehen und Zusammenhänge herzustellen. Hier hat Planet Merkur auch eine andere Aufgabe als beim Zeichen Zwillinge: Es geht um die Verfeinerung der Sprache, des Denkens. Wie funktioniert Denken überhaupt? Wie funktioniert Kommunikation? Wie und was brauchen wir, um uns verständlich zu machen? Wo liegen die Fehler, die Missverständnisse herbeiführen?

Sie sehen: Je exakter wir unsere Kommunikation betrachten, desto mehr können wir herausfinden, was verbessert werden könnte. Jungfrau wird immer und immer wieder einen Verbesserungsvorschlag parat haben. So kann die perfekte Form entstehen – oder eine permanente Kritik, die zum Treiber wird. Hier besteht auch die Gefahr, sich nicht mehr dem Fluss der Dinge anzuvertrauen. Genauigkeit ist eine Gabe, sie kann aber auch ein Fluch sein, wenn unser Denken zum Beispiel jeden Impuls in Worte zu kleiden versucht. Das Wissen um die Dinge kann Bewusstsein schaffen. Es gibt trotzdem viele

Momente, die keiner Analyse bedürfen. Jungfrau kann uns in die Illusion des Perfektionismus führen. Gleichzeitig hilft diese Kraft, Gedanken zu lenken und Impulse zu zügeln. Das ist auch ihr Job: Den Alltag bewältigen und die Ressourcen verwalten.

Im Gegensatz zu den Möglichkeiten des Geistes bei Zwillinge-Merkur – Vielfalt, Wahlmöglichkeiten, unterschiedlichste Perspektiven, die jedoch zu Verzettelung führen und deshalb eine Fokussierung brauchen – entspricht Merkur in Jungfrau dem fokussierten Menschen, der unbedingt eine Auflockerung benötigt, um seine volle Kraft zu entfalten.

Jungfrau-Coaching

Je nachdem, in welchem Gemütszustand wir uns befinden und was wir an Beurteilungskriterien mitbringen, erschaffen wir uns unsere Realität. Vielleicht haben Sie das große Glück, in Ihrem Freundeskreis Menschen zu haben, die Ihnen immer wieder andere Sichtweisen aufzeigen. Ich schätze es sehr, wenn meine Freunde nicht ins gleiche Horn wie ich blasen, vor allem dann, wenn meine eigene Sicht mit Scheuklappen eingeengt ist.

In diesem Coaching beschäftigen wir uns mit Reframing. Das bedeutet, dass wir Ereignissen einen anderen Rahmen geben. Dann verändert sich automatisch ihre Bedeutung und dadurch verwandeln sich auch unsere Verhaltensweisen und Reaktionen. Sie werden Reframing bereits kennengelernt haben, auch wenn Ihnen diese grundlegende Technik des NLP noch nicht unter diesem Namen begegnet ist. Ich behaupte: Wenn unser Geist flexibel ist, dann ist Reframing eine sehr beliebte Spielart. Dank eines Reframings erfahren wir, dass es mehrere Wahlmöglichkeiten gibt. Unser Geist erfährt mehr Freiheit.

REFRAMING

Um die folgende Übung auszuführen, gilt es, sich noch einmal darüber bewusst zu werden, dass wir unterschiedlichste Persönlichkeitsanteile haben. Es ist schön, wenn Sie dauerhaft damit arbeiten. In Verbindung zur Astrologie können Sie sich dies zum Beispiel so vorstellen, dass jeder Planet einen Persönlichkeitsanteil symbolisiert. Angenommen, Ihr innerer Kritiker ist der stärkste in Ihrem inneren Team, dann fallen die Bewertungen für sich selbst und andere meistens eher streng aus.

1. Finden Sie zunächst eine Verhaltensweise, die Sie gern verändern würden.
2. Gehen Sie nun in einen meditativen Zustand, um den Persönlichkeitsanteil, der für dieses Verhalten zuständig ist, zu kontaktieren. Fragen Sie ihn, ob er bereit ist, mit Ihnen zu kommunizieren.
3. Da hinter jedem Verhalten eine positive Absicht steckt, fragen Sie diesen Anteil nun, was seine positive Absicht ist. Achten Sie auf die Antwort und fragen Sie, ob er bereit wäre, eine andere Verhaltensweise auszuprobieren, um diese positive Absicht zu verwirklichen.
4. Nehmen Sie jetzt innerlich Kontakt mit Ihrem kreativen Anteil auf. Falls Ihnen das schwerfällt, erinnern Sie sich an eine Situation, die Kreativität erforderte.
5. Bitten Sie diesen kreativen Teil nun, Alternativen zu finden, um die positive Absicht des »ungeliebten« Verhaltens zu erreichen. Lassen Sie sich Zeit!
6. Loben Sie den kreativen Teil, der Alternativen gefunden hat.
7. Fragen Sie den Persönlichkeitsteil, der für die unerwünschte Verhaltensweise verantwortlich ist, ob er bereit wäre, die Alternativen auszuprobieren.
8. Suchen Sie noch nach dem Persönlichkeitsanteil, der Experimente mag und Veränderungen begrüßt, um ihn als Unterstützung dabeizuhaben.
9. Vetos von dem Zuständigen für unerwünschtes Verhalten sind zu würdigen! Gehen Sie nicht darüber hinweg, sondern suchen Sie nach sämtlichen inneren Unterstützern, um ein neues Verhalten auszuprobieren.

Wie einfach das im Grunde geht, zeigt Ihnen folgendes Beispiel:

Sie sind Gelegenheitsraucherin, doch das gefällt Ihnen nicht und Sie möchten dieses Verhalten ändern. Nachdem Sie den Anteil, der gerne ab und zu raucht, befragt haben, welche positive Absicht dahintersteht, haben Sie folgende Anhaltspunkte: Ruhe, Entspannen, Genuss, Auszeit. Dann fragen Sie Ihren kreativen Anteil, welche Alternativen dafür infrage kämen, und ihm fällt einiges ein: Atemübungen, Yoga, Tee trinken, Handy ignorieren und Menschen beobachten. Nun befragen Sie wieder die Raucherin, ob sie sich vorstellen könnte, anstelle der Zigarette eine oder mehrere der herausgefundenen Alternativen auszuprobieren. Wenn sie einverstanden ist, können Sie nun testen, ob es gelingt.

♎ WAAGE

»Ich suchte dich und habe mich gefunden.«
Franz Grillparzer

Das Zeichen Waage eröffnet einen neuen Raum, den Raum der Begegnung. Hier sind wir nicht mehr nur mit uns und unseren Eigenschaften, Verhaltensweisen, Ressourcen und anderem beschäftigt, sondern gehen nun in die Spiegelung mit anderen. Wir beginnen, uns durch die Betrachtung der anderen wahrzunehmen. Was andere aufzeigen als Persönlichkeitsanteile, ist oft ein Teil unseres Selbst.

Waage geht in Beziehung zum Außen, sie stellt überhaupt erst eine Beziehung zum Außen her. Menschen brauchen diese Bezüge in ganz unterschiedlichem Maße – der eine mehr, der andere weniger. Unser Grad an Autonomie entscheidet letztlich, inwieweit die Wahrnehmung unseres Selbst durch andere beeinflusst wird oder sogar davon abhängig ist.

Venus gehört zum Zeichen Waage. Venus ist uns bereits bei Stier und den Werten begegnet. In Waage steht die Venus unter anderem für Schönheitssinn, Balance, Gerechtigkeit und Ästhetik. Waage bevorzugt eine objektive Anschauung. Waage teilt gern das, was ist, um beim gemeinsamen Erlebnis den eigenen Standpunkt zu erkennen.

Ich gehöre auch zu den Menschen, die gemeinsame Erlebnisse schätzen. Dennoch erlebe ich sehr viele glückliche Momente allein, weil ich häufig allein reise. Die wichtigste Beziehung ist zunächst die Beziehung zu uns selbst. Denn wenn *wir* nicht bei uns sind, wer dann? Wir brauchen eine Stütze in uns selbst.

Waage-Menschen lieben es, in Balance zu sein, sie stellen häufig auch um sich herum ein Gleichgewicht her. Waage gleicht aus, befüllt, was fehlt, bringt sich ein, baut auf, bietet Lösungen an. Waage-Menschen bringen tatsächlich häufig Schönheit in die Welt. Deshalb habe ich nachfolgende Übung ausgesucht. Ein kleiner Einstieg, eine Übung, bei der wir lernen können, aus uns selbst zu schöpfen.

GEWALTFREIE KOMMUNIKATION

Waage geht nicht gerne in den Konflikt und lächelt sehr lange über eventuell bestehende Schwierigkeiten hinweg. Eine gute Übung für Waage-Menschen, ein gutes Langzeitprogramm zur Lebensverbesserung wäre das Erlernen der gewaltfreien Kommunikation nach Marshall Rosenberg. Als Einzelübung ist die Technik an dieser Stelle zu umfangreich und würde den Umfang des Buches sprengen. Aber ich empfehle Ihnen diese Technik sehr, wenn Sie Probleme im Umgang mit Konflikten haben. Das gilt natürlich nicht nur für Waage-Menschen.

Waage-Coaching

In jedem Leben gibt es Herausforderungen und Krisen. Wenn wir schwierige Zeiten durchleben, verändert sich unsere Grundhaltung meistens zum Negativen. Doch wenn wir häufig um unsere Probleme kreisen, werden diese nicht weniger, sondern sie wachsen. Hier gilt es aufzupassen, dass wir in keine Abwärtsspirale geraten. Die geht nämlich rasant nach unten in schlechte Gefühle und der Weg wieder aufwärts ist meist viel mühsamer.

ÜBUNG I: POSITIVES STÄRKEN

Viele Menschen nehmen Ihre Sorgen und die Anspannung vom Tag mit ins Schlafzimmer und schlafen dadurch schlecht. Wir drehen das Ganze nun um.

Sobald Sie im Bett liegen, denken Sie ganz intensiv an den glücklichsten Moment des Tages und erleben ihn noch mal im Geiste. Vielleicht gab es sogar mehrere glückliche Momente. Denken Sie an jeden, vielleicht mit einem Lächeln im Gesicht oder einem Danke im Herzen.

Nutzen Sie all Ihre Sinne, visuell, auditiv, olfaktorisch, gustatorisch, haptisch. Lassen Sie das positive Gefühl in Ihnen groß werden, atmen Sie und genießen Sie diesen Moment. Vielleicht taucht auch ein beglückender Satz auf, so was wie:

* Ich konnte endlich frei im Handstand stehen.
* Ich wurde liebevoll geküsst.
* Meine Präsentation ist gelungen.
* Die Natur hat sich mir in ihrer schönsten Pracht gezeigt.

Danach überlassen Sie sich einfach dem Schlaf.

Machen Sie diese Übung am besten wochenlang oder noch besser lebenslang! Das wird Sie positiv bestärken, Ihre positiven Gefühle stärker werden lassen – und Ihren Schlaf verbessern.

ÜBUNG 2: MOMENT OF EXCELLENCE

In jedem Leben gibt es Momente, die an Glück kaum zu toppen sind. Überlegen Sie sich mehrere dieser Glücksmomente. Es ist egal, wie lang diese zurückliegen. Schreiben Sie drei davon auf. Bitte vergleichen Sie nun, welcher Glücksmoment hier und heute am stärksten für Sie ist. Nun suchen Sie sich eine Stelle Ihres Körpers, die Sie leicht erreichen können (Ohrläppchen, Knie …).

Setzen Sie sich aufrecht hin, die Beine sind nicht übereinandergeschlagen, die Arme nicht verschränkt, Ihre Füße stehen gut auf dem Boden. Schließen Sie Ihre Augen und geben Sie sich zunächst ganz Ihrem Atem hin.

Nun gehen Sie mit Ihrer ganzen Aufmerksamkeit hin zu dem oben ausgewählten Glücksmoment. Lassen Sie ihn komplett entstehen, erleben Sie ihn mit allem Drum und Dran nach – und auch wieder mit allen Sinnen: Was hören Sie? Wie riecht es? Was schmecken Sie? Was sehen Sie? Welche Gefühle begleiten Sie? Übertreiben ist erwünscht!

Auf dem Höhepunkt des Empfindens drücken Sie den vorher ausgesuchten Ort am Körper und setzen damit einen sogenannten Anker. Dann lösen Sie diesen langsam wieder.

Nun lassen Sie diesen Glücksmoment langsam wieder verschwinden.

Fühlen Sie den Stuhl, auf dem Sie sitzen, die Füße auf dem Boden und überlegen Sie sich, welcher Tag heute ist. Kehren Sie also zurück in die Realität und öffnen Sie die Augen. Am besten ist es, wenn Sie kurz aufstehen, ein paar Schritte gehen, sich ein bisschen ausschütteln.

Dann überprüfen Sie, ob Sie diesen Glücksmoment an der Körperstelle, wo er »verankert« wurde, auslösen können: Drücken Sie die ausgewählte Stelle.

In schwierigen oder herausfordernden Situationen haben Sie nun Ihren Glücksauslöser dabei, um nicht ins Negative abzudriften. Falls der Anker mit der Zeit schwächer wird, wiederholen Sie die Übung.

♏ SKORPION

*»Solange sich ein Mensch einbildet, etwas nicht zu können,
so lange ist es ihm unmöglich, es zu tun.«*
Baruch de Spinoza

Skorpion ist das zweite Wasserzeichen. Wir erreichen einen Skorpion-Menschen über das Fühlen. Planet Pluto gehört zum Zeichen Skorpion und repräsentiert eine zerstörerische Kraft, denn erst wenn Altes geht, kann Neues entstehen. So zumindest denken die meisten. Pluto und das Zeichen Skorpion symbolisieren den schmerzhaften Teil von Stirb-Werde-Prozessen.

In fast allen Astrologiebüchern umweht Skorpion ein bisschen Grusel. Betrachten wir ihn einmal weniger mystisch. Die Identität eines Skorpion-Menschen entsteht stark durch das Wissen um Wandlung, die Akzeptanz, dass Dinge zu Ende gehen und dann erst Neues entsteht. Skorpion gibt sich einem Thema mit allem hin, was ihm zur Verfügung steht, und entwickelt eine unglaubliche Kraft, um es umzusetzen. Skorpion-Geborene können im Verlauf eines Lebens extreme Wandlungen durchlaufen. Sie streifen ihr altes Selbstbild ab wie eine Schlangenhaut und gebären sich neu. Ähnliche Prozesse lösen sie auch bei anderen Menschen aus. Skorpione polarisieren häufig.

Die Identität eines Skorpions ist stark, seine Aufgabe ist es, Licht ins Dunkel zu bringen oder den Spot auf die Schatten zu richten. Das heißt übersetzt, Bewusstsein zu schaffen, auch über Eigenschaften in uns, die wir gern anderen zuschieben würden oder verleugnen. Skorpion neigt dazu, Dinge zu forcieren, und damit kann er Großes leisten, schaffen und kreieren. Die größte Gefahr ist es, dass seine Vorstellungen die Lebendigkeit ersticken. Falls er zum Beispiel nur noch in Vorstellungen lebt, wie etwas zu sein hat, wie andere sich verhalten müssten, das Leben sich entwickeln sollte …

Wir alle haben Skorpion-Anteile und damit Phasen, in denen wir etwas forcieren, Phasen, in denen wir Krisen durchleben, an etwas hängen, das längst vorbei ist, Zeiten, die alles infrage stellen. Ich erinnere mich gut, wie mir zum ersten Mal all die Schattenwesen in meinem Inneren begegneten: Ich konnte gar nicht glauben, dass die etwas mit mir zu tun hatten.

Skorpion liebt die Bindung, um nicht zu sagen: Fesselung, deshalb habe ich sie ihm zugeordnet. Die folgende Übung knackt Projektionen auf, löst Leid und trennt uns von destruktiven Vorstellungen.

Skorpion-Coaching

Wir haben alle mindestens einen Gedanken, der uns quält. Falls Sie keinen haben, fällt die folgende Übung für Sie aus. Oder Sie nehmen einen Gedanken, der Sie nervt. Es ist mehr als ein Gedanke, es ist sozusagen etwas, was wir uns vielleicht schon seit Jahren immer wieder vorbeten, deshalb auch davon »überzeugt« sind. Vor allem dann, wenn wir diesen Gedanken innerlich ständig wiederholen. Dann setzt er sich fest. Wir bekommen häufig gar nicht mehr mit, dass es ein selbst kreierter Gedanke ist, mit dem es uns schlecht geht und der Leiden verursacht. Hier werden sich nun schon bei einigen von Ihnen die ersten »Ja, aber« melden. Stoppen Sie diese, zumindest jetzt und hier.

THE WORK

Spüren Sie einen belastenden Gedanken auf, gern einen, der Sie häufig begleitet. Und gern einen, der mit anderen zu tun hat. Bei dem Sie sich zum Beispiel als Opfer fühlen, weil andere dies, das oder jenes tun oder nicht tun. Etwas richtig Fieses! (Beispiele: »Mein Mann liebt mich nicht.« – »Ich werde nie heiraten.« – »Ich werde immer ein Versager bleiben.« – »Meine Kollegen verachten mich.« – »Seit ich in einer Beziehung bin, habe ich meine Kreativität verloren.«) Schreiben Sie den belastenden Gedanken auf.

Bleiben Sie während der folgenden Fragen kompromisslos und ehrlich:

* **Ist das wirklich wahr?** Spüren Sie nach und schreiben Sie auf, was kommt. In den meisten Fällen kommt hier schon ein erster Zweifel auf, weil wir mit unserem inneren Interpreten konfrontiert werden. Oder vielleicht zum ersten Mal damit, dass es sich um einen Gedanken handelt. Wenn Sie die

Frage mit Nein beantwortet haben, sind Sie schon fertig. Bei einem Ja geht es weiter …

* **Ist das wirklich wahr? Können Sie mit absoluter Sicherheit wissen, dass es wahr ist?** Nun wird es meist holprig, zum Glück: Mit absoluter Sicherheit können wir meist nicht wissen, dass es wahr ist. Bitte würdigen Sie nun die aufkommende Ehrlichkeit und auch das Hin und Her dieser Licht-und-Schatten-Arbeit. Lassen Sie sich Zeit. Schreiben Sie alles auf, was kommt.
Nun schließen Sie bitte die Augen, wir wechseln auf die Gefühlsebene.

* **Wie reagieren Sie, wenn Sie diesen Gedanken haben?** Lassen Sie den Gedanken zu und fühlen Sie, was er in Ihnen auslöst – auf geistig-seelischer, aber auch auf körperlicher Ebene, die das Gefühl transportiert. (Beispiele: Traurigkeit, Hoffnungslosigkeit, Angst, Eifersucht, Magenschmerzen, flacher Atem.) Bleiben Sie im Gefühl! Öffnen Sie nun die Augen und schreiben Sie alles auf.

* **Was wären Sie ohne diesen Gedanken?** Stellen Sie sich intensiv vor, dieser Gedanke wäre ausradiert, er existiert nicht mehr. Wie fühlen Sie sich? Schreiben Sie auch das auf.

NICHT ALLES IST SCHWIERIG

»So einfach wie möglich, so komplex wie nötig.« Dieser Schlüsselsatz aus meiner NLP-Ausbildung bewahrheitet sich umso mehr, je mehr ich ihn lebe. Das gilt auch für viele Übungen, die ich Ihnen in diesem Buch vorstelle. Wir sind jedoch so programmiert oder konditioniert, dass es für uns schwer sein muss. Genau deshalb begegnen uns manchmal keine Lösungen. Manchmal sind die Lösungen so erschreckend einfach, dass sie uns zu banal erscheinen, als dass wir sie annehmen könnten! Wir wählen häufig den uns vertrauten schwierigeren Weg.

Sie können diese Übung immer wieder in Ihr Leben integrieren. Durch die Erfahrung des Loslassens kann sich das eigentlich leidvolle in ein positives Erleben verwandeln.

Sie könnten zusätzlich ein Fazit ziehen. Zum Beispiel in Form eines bestärkenden Gedankens, der an der Stelle des ausradierten steht. Jedes Mal, wenn ihr Problemdenken wieder in die Richtung des eben bearbeiteten Gedankens geht, dann rückt nun der neue Gedanke ins Bewusstsein.

Ich habe hier in extremer Kurzform die sehr umfangreiche, wundervolle Arbeit von Byron Katie vorgestellt. Im Internet finden Sie mehr darüber. Sie können auch einen Coach suchen, der Ihnen dabei behilflich ist.

↗ SCHÜTZE

»Die Sonne scheint für dich – deinethalben, und wenn sie müde wird,
fängt der Mond an und dann werden die Sterne angezündet.«
Søren Kierkegaard

Wenn wir zum Ursprung allen positiven Wollens vordringen wollen, dann landen wir beim Zeichen Schütze. Typisch sind hier der Glaube an das Optimum, den Willen und die Aussage »Da geht noch was« sowie an die Strahlkraft, das Beste aus sich und anderen herauszuholen, ohne deshalb verbissen zu werden. Schütze-Geborene würden sofort unterschreiben, dass in uns alles enthalten ist, um glücklich zu sein.

Schütze fällt es sehr schwer, unangenehme Gefühle zuzulassen oder in einem negativen Zustand zu sein. Vom Grundcharakter ist Schütze mehr an der Aufwärtsspirale interessiert als viele andere Zeichen. Er könnte diese sogar erfunden haben. Schütze-Geborene bagatellisieren vieles nach dem Motto »Alles nicht so schlimm, ist nicht so wichtig«. Sie erheben sich und haben lange Zeit Aufwind. Damit verwöhnen sie ihr Umfeld und entsprechend wachsen die Erwartungen aus dem Umfeld, dass Schützen, auch Menschen mit einem Schütze-Aszendenten, immer Positives auf Lager haben und Lösungen aus dem Hut zaubern können.

Identität speist sich bei Schütze durch Sinn. Wir alle brauchen Sinnstiftendes im Leben, doch Schütze ganz besonders! Schütze als drittes Feuerzeichen vollendet, was Widder und Löwe initiiert haben. Schütze geht davon aus, dass die meisten Menschen weit unter ihren Potenzialen bleiben. Der Anspruch an sich selbst ist hoch und mit Stolz und Humor gefüllt. Utopia wird Realität, wenn der Glaube stark genug ist. Zahlreiche Coaches, Speaker, Gurus und Lehrer sind unter diesem Zeichen geboren und fühlen sich in der Lage, mit ihrem Glauben Berge zu versetzen. Ihre Feuerkraft setzt bei manchem Coaching ein Feuer in Gang. Dafür werden sie bewundert, doch nicht immer kann ihnen jeder folgen. Gefährlich wird es, wenn sich

Schütze, gleich dem Prometheus, über alles erhebt. Dann kann es zu Abstürzen kommen, die wahrlich heftig ausfallen. Ich habe für Schütze ein Tool gewählt, das Ihnen einen Einstieg in die Arbeit mit verschiedenen inneren Persönlichkeitsanteilen gibt. Dieses Coachingwerkzeug ist ein Klassiker aus dem NLP.

FALLBEISPIEL

Ich kannte Ina bereits von astrologischen Beratungen, in denen sie jährlich ihre Prognosen erkundete: eine wahre Schütze-Frau, immer darum bemüht, in allem das Positive zu sehen. Der Blick zurück interessierte sie nur, wenn sie daraus etwas Gutes ziehen konnte. Nun wünschte sie sich ein Coaching. Sie wollte ihre Wohnsituation verändern, eventuell eine Immobilie kaufen, außerdem herausfinden, was zu ihr passt. Nachdem wir den Zielsatz (siehe Seite 62f.) herausgefunden hatten, begannen wir mit der Arbeit des kosmischen Trios. Ihr Zielsatz lautete: »Ich möchte ein eigenes Haus haben.«

Sie überprüfte den Zielsatz, indem Sie sich auf die Metaebene stellte und ihn laut aussprach. Nachdem wir alle Positionen im Raum ausgelegt hatten (siehe Übungsbeschreibung), konnten ihre inneren Anteile zu Wort und ins Fühlen kommen.

Wir begannen mit der Träumerin. Sie glich einer Pippi Langstrumpf, die vor allem freie Zeit, Tiere und ein kunterbuntes Haus wollte, mit verwildertem Garten und vor allem mit der Freiheit, zu tun und zu lassen, was sie wollte. Hier stellte sich also heraus: Es ging weniger um ein Haus als vielmehr um den Wunsch nach Freiheit, Natur und Autonomie.

Die Realistin erinnerte an das Okay der Bank, schlug bestimmte Regionen vor, wo das Budget von Ina für ein kleines Haus reichen würde. Sie erwähnte die Vorteile eines Eigenheims, das ja auch zu vermieten wäre, später, als Rendite sozusagen. Alles sehr plausibel und vernünftig. Doch ich war von der starken Träumerin beeindruckt, für die »Rendite« eigentlich ein Fremdwort war.

Die Kritikerin brachte nun ein, dass Ina handwerklich nicht auf Zack sei, für alles einen Handwerker bräuchte, das wiederum koste Geld. Die Kritikerin fragte, was Ina denn im Umland wolle. Sie sei in Berlin doch ständig und gern mit Menschen unterwegs und nur zum Arbeiten allein. Was mache es für einen Unterschied, in einem Haus auf dem Land zu schreiben? Die innere Kritikerin wies darauf hin, dass Ina ehrlicher zu sich sein solle und zu ihren Bedürfnissen. Außerdem bedeute ein Haus jahrelanges Abzahlen von Krediten.

So hatten wir drei verschiedene Anteile und Ansichten zum Thema gehört.

Ina ging erneut auf die Position der Träumerin, um herauszufinden, was Sie sich vom Herzen her wünsche. Sie vertiefte das Pippi-Langstrumpf-Modell. Draußen sein, Handy ausschalten, mit den Tieren sein, in die Natur eintauchen, ausschlafen, keinen Druck zulassen, in der Erde buddeln, Sommerfeste initiieren, abends am Feuer sitzen …

Die Realistin begann nun den Dialog mit der Träumerin und fragte, ob es denn tatsächlich ein Haus sein müsse oder vielleicht lieber eine Datsche, ein Tiny House oder gar ein Zelt? Für eine Altersabsicherung könnte es ja auch eine Stadtwohnung sein. Das wiederum gefiel der Kritikerin, die sich nun auch noch einbrachte. Sie warnte jedoch davor, zu viel auf einmal zu wollen. Nun waren die drei in einem guten Kontakt. Die Kommunikation zwischen diesen drei Anteilen dauerte noch an. Wichtig ist, dass jeder ausreden darf und man zum Aussprechen auf die Position des jeweiligen Sprechers (Anteils) geht – Träumerin, Realistin, Kritikerin.

Und das kam dabei heraus: Ina kaufte sich schon kurze Zeit nach dem Coaching ein kleines Wochenendhaus am Wasser. Sie erhielt einen guten Auftrag, der es ihr möglich machte, auf den Kredit zu verzichten. Das Wochenendhaus war ein Volltreffer, weil sie sehr nette Nachbarn hatte, die ihren Freundeskreis erweiterten. Die anfallenden Arbeiten im Haus und Garten konnte sie selbst leisten, außerdem fand sie gute Unterstützung aus der Nachbarschaft.

Ihr Wunsch nach Freiheit war also sehr viel stärker als der nach Absicherung. Sie erkundigte sich noch nach Krediten für eine Eigentumswohnung, doch mit ihrem Wochenendhaus war der wirkliche Wunsch erfüllt. Für eine eigene Wohnung gab es zumindest vorerst keine Motivation mehr.

Schütze-Coaching

Dieses Coaching ist sehr stark mit der sogenannten Disney-Strategie des NLP verwandt. Die drei Positionen, die Sie gleich kennenlernen werden, sind gleichzusetzen mit drei Persönlichkeitsanteilen, und die wiederum mit drei Planeten: Träumer, Realist und Kritiker entsprechen dem kosmischen Trio aus Neptun, Sonne und Saturn. Das nachfolgende Coachingtool ruft nun drei Anteile in Ihnen wach und bringt diese in Verbindung. Sobald diese drei Anteile miteinander kommunizieren, können Sie mit Lösungsvorschlägen und guten Plänen rechnen – ganz dem Zeichen Schütze entsprechend!

KOSMISCHES TRIO

Sie brauchen drei Bögen Papier. Schreiben Sie folgende Persönlichkeitsanteile darauf:

✶ Träumer
✶ Realist
✶ Kritiker

Außerdem benötigen Sie noch ein zusätzliches Papier für die Metaposition, den Beobachterposten.

Legen Sie diese vier Papiere so auf den Boden, das sie stimmig zueinander liegen.

Schritt 1: Realist

Gehen Sie zuerst auf die Position der Realistin. Astrologisch ordne ich diese der Sonne zu. Wenn wir gut bei uns und innerlich einigermaßen aufgeräumt sind, sind wir da und somit auch in der Realität. Erinnern Sie sich an eine Situation, in der Sie klar und aufgeräumt, entschieden und kraftvoll waren. Eine Situation, in der Sie wussten, was Sie wollten und was Sie nicht wollten. In der Sie sagten, was Sie dachten, und taten, was Sie sagten. Lassen Sie sich Zeit dafür, ohne zu grübeln: Meistens stimmt der erste Impuls oder das erste Bild. Fühlen Sie sich mit allen Sinnen in diesen Anteil hinein.

Schritt 2: Träumer

Gehen Sie auf die Position der Träumerin – astrologisch die Qualität von Neptun. Wichtig hier: Wir brauchen die Träumerin und die Illusionistin, die sich in ihrem Traum wohlfühlt und ganz uneingeschränkt träumt. Hier kann es gut sein, dass ein kindlicher Anteil auftaucht. Kein Problem. Erinnern Sie sich an eine Situation, in der Sie Ihren Traum lebten, nicht das Leben träumten. Gehen Sie auch hier mit allen Sinnen in die Position.

Schritt 3: Kritiker

Gehen Sie auf die Position des Kritikers. Astrologisch hat er die Qualität von Saturn. Es kann sein, dass der Kritiker etwas streng ausfällt. Meiner Erfahrung nach haben die meisten von uns diesen Anteil sofort parat. Allerdings handelt es sich auch häufig *nicht* um einen eigenen Anteil, sondern um einen eher übernommenen fremden, zum Beispiel von den Eltern, Lehrern, schwierigen Partnern… Wir brauchen jedoch *Ihren* inneren Kritiker! Außerdem eine Situation, in der Ihnen dieser innere Kritiker den passenden Tritt in den Hintern gab, also durchaus hilfreich war. Innere Kritiker sind nicht per se schlecht, sie können jedoch zum Verhinderer werden, wenn sie zu übermächtig sind. Wenn Sie ihn gefunden haben, gehen Sie wieder mit allen Sinnen in diese Position.

Nun sind alle drei Positionen klar. Gehen Sie jetzt auf die Metaposition und schauen Sie sich die Positionen und Situationen im Einzelnen an.

Schritt 4: Das kosmische Trio
Im Zeichen Schütze geht es um einen größeren Plan, den Sie gern verwirklichen würden. Etwas, wovon Sie träumen, oder etwas, das Ihre Perspektive sein kann und Zukunft verspricht. Etwas, von dem Sie nicht wissen, ob es umsetzbar ist. Finden Sie dazu einen Zielsatz.

Gehen Sie dann auf die Position des Träumers und verbinden Sie sich mit Ihrem inneren Träumer. Malen Sie sich in den rosigsten Farben alles aus, als wäre es schon erfüllt. Wie fühlt sich das an? Keine Limits, keine Vetos, einfach träumen. Genießen Sie diesen Zustand, lassen Sie ihn groß werden und nehmen Sie sich dafür fünf bis zehn Minuten Zeit.

Verlassen Sie dann die Träumer-Position. Um sich in einen neutralen Zustand zu bringen, können Sie zwischendrin die Metaposition betreten.

Nun verbinden Sie sich mit dem Realisten. Lassen Sie ihn etwas über Ihren Plan, Ihren Traum sagen und herausfinden. Was meint Ihr innerer Realist? Was bräuchte es, um den Plan zu verwirklichen? Hat der Realist eine Idee? Wie realistisch ist die Umsetzung? Achten Sie darauf, dass der Realist ein produktiver und wohlmeinender Anteil in Ihnen ist. Er verkörpert die Sonne, ist also Symbol Ihrer Identität. Bleiben Sie erneut fünf bis zehn Minuten auf dieser Position.

Verlassen Sie die Position und neutralisieren Sie sich wieder in der Metaposition.

Nun betreten Sie die Position des Kritikers. Da kann es rundgehen! Wie ich be-

> **SO WERDEN SIE FREMDE KRITIKER LOS**
>
> Haben Sie das Gefühl, dass es kein eigener innerer Anteil ist, der hier Kritik übt, sondern eine andere Person in Ihnen, die etwas Vernichtendes hat? Dann machen Sie diese Person ausfindig und werfen Sie sie aus dem System. Sie können dafür imaginär ein Symbol nehmen und sich bedanken für die jahrelange Begleitung. Nehmen Sie dann dieses Symbol und bringen Sie es am besten raus vor die Tür. Schließen Sie die Tür.

reits erwähnte, ist unser Kritiker meist stärker ausgeprägt als unser Träumer. Überprüfen Sie unbedingt, dass es ihr eigener innerer Anteil ist: Zeitweise versteckt sich hier auch eine Autoritätsperson unseres Lebens. Die werfen Sie zunächst raus (siehe Kasten).

Betreten Sie dann die Position des Kritikers erneut. All Ihre Vetos dürfen nun ausgesprochen werden.

Nach fünf bis zehn Minuten neutralisieren Sie sich wieder auf der Metaposition.

Nun folgen Sie Ihren Impulsen: Wer möchte als Nächster etwas anmerken?

Lassen Sie das kosmische Trio kommunizieren: Sonne, Neptun und Saturn. Saturn und Neptun sind übrigens das Gespann, das uns Wünsche realisieren lässt. Diese inneren Anteile dürfen sich auch streiten, auch das kann zu Lösungen führen. Streiten Sie bitte um die Sache und nicht um die Person.

Lassen Sie dieses Trio in einen Austausch treten. Das geschieht in dem Moment, wenn sich alle angenommen und gehört fühlen. Dann entsteht eine Lösung. Vielleicht wird Ihr Wunsch, Ihr Plan etwas abgespeckt oder verändert.

Das kosmische Trio ist ein kraftvolles Instrumentarium.

♑ STEINBOCK

»Wir sind nicht nur verantwortlich für das, was wir tun,
sondern auch für das, was wir nicht tun.«

Molière

Nun kommen wir zum dritten Erdzeichen, das die Themen von Stier und Jungfrau auf eine höhere Stufe bringt. Steinbock wird meist in einem Atemzug mit »Gesellschaft« genannt. Steinbock stellt sich gern in den Dienst für gemeinschaftliche Themen. Das impliziert häufig, dass die eigenen Bedürfnisse zurückgestellt werden, die jedoch ebenfalls ein wichtiges Kennzeichen unserer Identität sind.

Steinbock identifiziert sich häufig über Leistung. Beim Schütze-Coaching haben wir den inneren Kritiker kennengelernt, den ich Saturn zugeordnet habe. Saturn gehört zu Steinbock. Dieser Kritiker kann ein guter, wenn auch strenger Freund sein – vor allem auf unserer Suche nach unserer Identität. Er kann uns jedoch auch als Bremser und Verhinderer das Leben erschweren. Steinbock wartet im Leben auf den Ruf der Berufung. Um diesen Ruf zu hören, brauchen wir wiederum Identität und einen guten Instinkt. Innere Kritiker führen auch dazu, dass wir lange an allem zweifeln und erst durch starke Hindernisse zur vollen Entfaltung kommen.

Saturn repräsentiert Tradition, Autoritätsthemen und eine Vaterthematik. Wenn wir uns jedoch nur über Leistung und Beruf identifizieren, um etwas wettzumachen, was uns grundsätzlich fehlte, kann sich all der Erfolg ins Gegenteil verkehren: Funktionieren und Disziplin hat in den letzten Jahren viele Menschen in die totale Erschöpfung geführt.

Selbstliebe und Selbstannahme sind die Voraussetzung dafür, anderen ein Wegweiser zu sein. Steinbock-Menschen gefällt es sogar, sich in einsame und karge Situationen zu begeben.

Mein Coachingtool für Steinbock ist etwas ungewöhnlich. Bitte wenden Sie dies nie an, wenn Sie total deprimiert sind oder sich in einer inneren Abwärtsspirale befinden. Nutzen Sie diese Fragen nur dann, wenn Sie sich gut damit fühlen und sie in Ihnen keine Angst auslösen.

Ich habe diese Fragen gewählt, weil uns Saturn und Steinbock mit Alter und Endlichkeit konfrontieren. Doch diese Themen sind keineswegs unsere Lieblinge. Bei diesem Coaching geht es darum, sich mit der eigenen Endlichkeit zu konfrontieren, um herauszufinden, was Ihnen im Leben wirklich wichtig ist. Und auch, um herauszufiltern, was Sie erfüllt, was Sie verwirklichen wollen, was Sie lieben oder unbedingt noch vorhaben in diesem Leben.

Vielleicht kennen Sie diese Nulllinie, bei großer Erschöpfung oder in einer Krise, die innere Stimme: »Also wenn das so weitergeht, dann habe ich einfach keine Lust mehr auf dieses Leben.« Nehmen Sie solche Ansagen ernst! Sie zeigen den Wunsch nach Veränderung und sind Anzeichen von Überlastung. Sie sind in Not, also kümmern Sie sich gut um sich.

Sprechen Sie mit jemandem darüber, der Ihnen zuhören kann, anstatt Ihnen aufzuzählen, wie gut alles ist. Lassen Sie sich helfen, damit Sie wieder Türen finden – in einen neuen Lebensraum oder Lebenstraum.

Fragen Sie sich: Wenn es so nicht weitergehen kann, wie könnte es denn weitergehen? Die Perspektive zu verändern hilft auch. Vielleicht brauchen Sie auch therapeutische Unterstützung oder ein Coaching.

Steinbock-Coaching

Wenn wir tatsächlich mit dem Tod im näheren Umfeld konfrontiert werden, hinterfragen viele von uns das eigene Leben. Sehr häufig wertschätzen wir in diesen Augenblicken das, was ist. Die Konfrontation mit dem Tod kann uns leiten und, gleich einem wertvollen Berater, unsere Lebendigkeit fördern – und etwas über unsere Identität aufzeigen.

Wichtig: Diese Übung ist nur sinnvoll, wenn Sie sich im inneren Gleichgewicht befinden! Vielleicht ist es sogar schöner, effektiver und kreativer, sie mit einem der besten Freunde durchzuarbeiten.

Erinnerung
Erinnern Sie sich an die Konfrontation mit dem Tod in Ihrem Leben. Wann ist er Ihnen zum ersten Mal begegnet? Bleiben Sie möglichst distanziert.

Vielleicht gibt es jedoch auch gute Erinnerungen. Meine Erfahrung ist, dass ich bei Beerdigungen von Menschen, die ein glückliches und erfülltes Leben mit hohem Alter hatten, meistens ebenfalls glücklich und erfüllt war. Als mein Großvater im Alter von 98 Jahren starb, weigerte ich mich, schwarz anzuziehen, ich wollte meinen Opa, der auch ein wichtiger Mentor in meinem Leben war und immer noch ist, nicht in dieser tristen Farbe verabschieden. Als die Urne in der Kapelle aufgebaut war, fiel ein Lichtstrahl auf sie. Unsere ganze Familie war versammelt und voller Liebe und Dankbarkeit für ihn. Ich spürte das starke Band zwischen uns. Das meine ich mit positiven Erlebnissen. Und nun geht es zur Aufgabe.

MEIN TESTAMENT

Schreiben Sie Ihr eigenes Testament. Bitte mit folgendem Inhalt:

* Ihr Alter,
* wen Sie hinterlassen,
* was Ihr Lebenssinn war,
* was Ihnen besondere Freude gemacht hat,
* was Sie aufgebaut haben,
* Ihre besonderen Fähigkeiten,
* Ihr Lebensmotto und,
* falls es Karma gibt, als was sie am liebsten wiedergeboren werden würden,
* Ihr Lieblingssatz für alle, die nun auf Ihrer Beerdigung sind,
* was sie hinterlassen …
* … und was Sie Ihren Liebsten noch sagen möchten, und
* was Sie der Welt wünschen und wovon Sie hoffen, hierfür einen Impuls gegeben zu haben.

♒ WASSERMANN

»Ich bin nicht, was ich bin.«
William Shakespeare

Wassermann-Menschen sind genau wie wir alle daran interessiert, eine Identität zu haben. Die Identitätssuche bei Wassermann ist jedoch davon gekennzeichnet, zunächst einmal deutlich zu machen, was sie auf keinen Fall sind! Dieser Prozess des »Nichtseins« kann wehtun oder einem rebellischen Grundnaturell zugeschrieben werden.

Wassermann ist ein Synonym für alles Paradoxe. »Anders zu sein« repräsentiert lange Zeit die Identität eines Wassermann-Menschen. Was sich hinter diesem »Anders« verbirgt, bleibt ihm allerdings auch lange verborgen. Meiner Erfahrung nach gleicht diese Haltung bei vielen eher einer Art Überlebensstrategie denn narzisstischen Besonderheitsallüren.

Wassermann fühlt sich häufig zunächst nicht dazugehörig. Wenn wir das »Anderssein« als eine Art Abwehrstrategie sehen, ergibt es Sinn. Aus einem passiven Empfinden wird eine aktive Strategie: Wassermann will gar nicht mehr dazugehören!

Dies wiederum führt dazu, dass Wassermann neue Wege geht, eine andere Meinung formuliert, querdenkt, sich vom Mainstream abwendet. Dieses dritte Luftzeichen liebt die Forschung. Die wiederum gelingt nur, wenn wir neugierig sind, das Vorhandene infrage stellen, Experimentierfelder mögen.

Wassermann-Geborene haben bisweilen Schwierigkeiten, sich mit dem familiären Umfeld, in das sie geboren wurden, zu identifizieren. Ich habe in vielen Beratungen bei diesem Zeichen Kindergeschichten gehört, in denen sich der- oder diejenige vorstellte, ein Adoptivkind zu sein oder ein Wesen von einem anderen Planeten. Wenn solch große Distanz so dringlich wird, ist meist ein Trauma die Ursache. Für uns Menschen spielt Zugehörigkeit eine sehr wichtige Rolle, um eine Identität zu finden. Unsere Familie, unser Ahnenstamm, bildet die Grundlage für unsere Identität. Sie können sich ausmalen, was passiert, wenn wir uns in erster Linie davon wegbewegen. Das ist Wassermann: Wassermann bewegt sich weg vom Ich, um ein Wir zu finden. Wassermann durchbricht die Regeln und findet neue Wege.

Uranus ist der zugehörige Planet, der mit seiner Entdeckung auch einiges durcheinanderbrachte und ganz allgemein für Chaos und Veränderung steht. Uranus gilt als der Gott des Himmels, ist reiner Geist. Wassermann-Menschen erheben sich auch gern und oft über körperliche Empfindungen, ganz nach dem Motto »Geist über Materie«. Für Wassermann-Geborene ist es deshalb umso wichtiger, im Körper anzukommen – um ihre Identität über den Körper zu finden.

Deshalb ist mein Coaching für Wassermann etwas anders als die übrigen Coachingübungen. Es setzt sich zusammen aus meinen Erfahrungen mit inneren Reisen, die Klaus Lange entwickelt hat (übrigens ein Wassermann). Und es ist angeregt von der systemischen Arbeit mit inneren Anteilen von Tom und Lauri Holmes.

Die folgende Übung allein anzugehen ist ganz gewiss eine Herausforderung, dennoch ein spannendes Selbstexperiment. Sie dient dem Kennenlernen verschiedener Persönlichkeitsanteile, die je nach Situation und Außenreizen bei Ihnen die »Führung« übernehmen können. Das Coaching ist ein umfassendes Unternehmen, um Ihren Blick nach innen zu richten und die Erkenntnisse daraus dann im Außen auszudrücken.

Wassermann-Coaching

Sie brauchen für diese Übung viel, viel Zeit. Vielleicht sogar Wochen, um Ihr inneres System langsam zu entdecken. Vielleicht steigen Sie auch zwischendurch aus, üben an verschiedenen Tagen oder einer Ihrer inneren Anteile meldet sich im Traum. Sie können in den nächsten Tagen auch damit experimentieren. Diese sehr umfassende Übung ist vielleicht sogar eine Lebensbegleitung. In jedem Fall fördert sie eines zutage, was Wassermann stetig sucht: Bewusstsein! Lesen Sie bitte die gesamte Anleitung durch, bevor Sie mit der inneren Arbeit beginnen.

Ein wichtiger Aspekt ist, dass Sie durch Verbundenheit mit sich Ihre unterschiedlichen inneren Anteile finden, und zwar weniger in der Fantasie oder Vorstellung. Stattdessen lassen Sie die Anteile aus

Ihrem Unterbewusstsein auftauchen. Bei der Beschreibung des Schütze-Coachings habe ich Ihnen bereits drei verschiedene Anteile vorgestellt. Unterschiedliche Situationen setzen unterschiedliche Persönlichkeitsanteile voraus. Indem Sie dann nach innen »switchen«, taucht eventuell ein neuer Anteil auf oder das Bild davon. Diese Übung ist sehr anspruchsvoll, weil sie einen Zugang zu Ihren inneren Räumen voraussetzt.

DAS INNERE SYSTEM

Stellen Sie sich bei dieser Übung am besten einen Wecker. Beginnen Sie vielleicht täglich mit zehn Minuten, bis Sie einen Zugang finden. Dann nehmen Sie sich jeden Tag einen Moment, um vielleicht einen neuen Anteil kennenzulernen. Sinn dieser Übung ist: Sie nehmen Kontakt zu sich selbst auf.

Ideal wäre ein Meditationsplatz, egal ob auf dem Boden oder einem Stuhl. Achten Sie darauf, gerade und bequem zu sitzen, eventuell lehnen Sie sich an. Schließen Sie die Augen und spüren Sie zunächst Ihren Körper. Welche Stellen berühren den Boden oder den Stuhl? Dann richten Sie Ihre Aufmerksamkeit auf den Atem, ohne sich dabei anzustrengen: nur auf die normale gleichmäßige Ein- und Ausatmung. Lassen Sie sich Zeit, bis Sie in diese Atmung gefunden haben.

Nun gehen Sie mit Ihrer Aufmerksamkeit zwischen Ihre Augenbrauen, und zwar so, als würden Sie innerlich an diesem Ort Platz nehmen, in Ihrem Zentrum. Vielleicht sind Ihnen die Chakren vertraut: Wir befinden uns im dritten Auge, dem Ajna Chakra. Wir können sehr unterschiedliche Orte im Körper als Zentrum empfinden, doch für diese Übung benötigen wir diesen Ort nahe der Zirbeldrüse.

Schaffen Sie sich Ihren inneren Raum, den bewussten Raum. Und das meine ich wörtlich: Richten Sie sich in Ihrer inneren Schaltzentrale ein. Irgendein Raum wird auftauchen. Er ist der Ort Ihres Bewusstseins. Lassen Sie diesen Raum entstehen: Vielleicht gleicht er einer Landschaft, einem Zimmer oder einem Saal. Was auch immer auftaucht, schauen Sie sich innerlich in aller Ruhe um, damit Sie wissen, wie Ihr Raum aussieht.

In diesem Raum wird jener Persönlichkeitsanteil auftauchen, der gerade aktiv ist. Sie können jedoch auch bewusst Kontakt mit den anderen inneren Anteilen aufnehmen. Ich gebe Ihnen dazu Beispiele in Anlehnung an deren astrologische Entsprechung:

* Kritikerin, Miesmacher, Treiber: Saturn
* Träumerin, Romantikerin, Helfender: Neptun
* Liebende, Gebende, Schenkende: Venus
* Kindliche Anteile (es sind immer viele): Mond
* Verbindungsbeauftragte, Gesprächsführerin, Denkerin: Merkur
* Managerin, Aggressor, Performer: Mars
* Angstanteil, Forcierer, Transformer: Pluto
* Rebellin, Punk, Couragierte: Uranus
* Prediger, Optimistin, Reisende: Jupiter
* Selbst, Zentrale, Ich: Sonne

Das sind Anregungen. Während Sie in Ihrer Zentrale sitzen und Ihre verschiedenen Anteile einladen, beginnen diese vielleicht schon miteinander zu kommunizieren. Es gibt stärkere und schwächere Anteile, es gibt dominante, vertraute und auch versteckte, bekannte und sehr unbekannte. Sie sind jetzt auf der Reise in Ihre vielfältige Innenwelt und werden die Anteile nach und nach kennenlernen.

Nachdem Sie unbewusste Teile kennengelernt haben, können Sie diese in bestimmten Situationen auch bewusst aktivieren, falls sie dann gebraucht werden. Anteile, die uns manchmal wie im Autopiloten agieren lassen, werden integriert und verhalten sich anders, sobald sie gesehen werden. Dadurch werden unsere Autopilot-Aktivitäten weniger.

Schreiben Sie über Ihr inneres System oder zeichnen Sie Ihren inneren Raum, um auf diese Weise Ausdruck für Ihre inneren Anteile zu finden. Sie können mit allen möglichen Materialien arbeiten: mit Figuren, Handpuppen, Collagen, Gegenständen mit Symbolwert.

Ich habe diesen inneren Räumen im Außen nie Ausdruck verliehen. Doch ich bin fast täglich mit ihnen in Kontakt. Sobald sie mir einmal erschienen sind, bleiben sie präsent und ich kann mit ihnen kommunizieren. Wenn ich herausfordernde Situationen erlebe, kann ich in diese inneren Räume eintreten und herausfinden, wer hier agiert. Falls ich ängstliche Zeiten erlebe, sind es meist kindliche Anteile, die verloren umherirren. Sobald sich mein erwachsenes Ich ihnen widmet, nimmt meine Angst ab.

♓ FISCHE

*»Ich bin das, was ich scheine, und scheine das nicht,
was ich bin, mir selbst unerklärlich Rätsel,
bin ich entzweit mit meinem Ich.«*
E. T. A. Hoffmann

Etwas verloren schien E. T. A. Hoffmann, als er das verfasste. Wie Sie aus den Beschreibungen der vorherigen Übungen und Coachings herauslesen konnten, ist der Zustand der Verlorenheit häufig mit einem Trauma verbunden. Wir sind, im wahrsten Sinne des Wortes, dann *nicht* da.

Fische mit Geburtsherrscher Neptun repräsentieren den Bereich des Träumens: Es ist das Zeichen der Auflösung, der Grenzenlosigkeit, der Illusion, des Scheins, der Ungewissheiten, der Magie, des Zaubers, der Fantasie, des Irrtums, kurzum des Gegenteils von Realität.

Fische und Neptun repräsentieren das Verschwinden, das Unsichtbare, einen Raum, für den man keine Worte mehr findet. Auch das Leidvolle findet sich im Zeichen Fische wieder, gleichzeitig auch Mitgefühl. Müsste ich Liebe einem Zeichen zuordnen, dann den Fischen. Sowohl in der eher leidvollen romantischen Version als auch die bedingungslose Liebe, für die wir uns irgendwann öffnen können.

Ein wichtiger Aspekt ist auch die Spiritualität. Da ich mich selbst schon seit Jahrzehnten im spirituellen Raum aufhalte, habe ich einige Erfahrungen gesammelt bezüglich der Anziehungskraft von allem sogenannten Esoterischen. Dabei habe ich festgestellt, dass sich vor allem traumatisierte Menschen davon angezogen fühlen. Viele Menschen finden durch Hingabe an spirituelle Praktiken und Glaubens- oder andere Denkrichtungen Halt. Dennoch findet bei den meisten keine wirkliche Lösung für ihr tief liegendes Problem statt. Es ist so, als würde man ein Pflaster kleben, es in Hautfarbe anmalen und leugnen, dass dort eine Wunde ist. Spiritualität ist sicherlich eine gute Hängematte, wenn wir uns verloren fühlen.

Leider habe ich noch niemanden kennengelernt, der seine Geschichte lediglich durch Atemübungen, Meditation, Channeln, Handauflegen oder Sonstiges wirklich nachhaltig verbessern konnte. Viele spirituelle Praktiken und Anleitungen gleichen einer Symptombekämpfung. Häufig kommt es zu Abspaltungen: Wir haben einen guten Abstand und denken, wir seien unser »Leid« endlich los. Fische-Menschen sind oft verträumt, sie brauchen diese Ausflüge in Fantasiewelten und viele Pausenstunden.

Fische-Menschen haben häufig das natürliche Bedürfnis nach Rückzug – kein Wunder, denn darunter finden sich viele hypersensible Wesen, die sich von den äußeren Umständen manchmal überrannt oder überfordert fühlen. Fische-Geborene brauchen das Eintauchen in ihre inneren Räume, um überhaupt ein Gefühl für die eigene Identität zu bekommen. Denn Fische kann sich mit allem und jedem identifizieren und sich selbst darin komplett verlieren.

Die folgende Übung ist eine Kombination aus Verbindung und Energiegewinnung plus Erdung. Sie ist so einfach wie wirkungsvoll. Falls Sie die Übung in Ihren Alltag integrieren, werden Sie staunen, welche Veränderungen stattfinden werden.

Fische-Coaching

Im Zeichen Wassermann haben wir unsere innere Welt gefunden und in unser Leben integriert. Egal, welches Sternzeichen Sie sind, Sie können sich der zwölf verschiedenen Coachings bedienen und ausprobieren, was Sie anspricht. Sicherlich kennen Sie das auch: das Gefühl des Alleinseins oder das Gefühl, von anderen getrennt zu sein. Das ist eine Illusion, sagt der Mystiker, weil alles miteinander verbunden ist. Wenn unser Gefühl jedoch ein anderes ist, hilft uns diese Weisheit auch nicht weiter, die Übung allerdings schon.

DA SEIN

* Finden Sie zunächst einen aufrechten Stand. Ihre Füße haben einen hüftbreiten Abstand voneinander, Ihre Beine sind gestreckt, leicht angespannt, damit Sie aufrecht stehen. Po- und Bauchmuskulatur sind aktiviert. Der Rücken ist aufrecht, der Kopf gerade, die Schultern sind entspannt. Sie atmen ganz normal. Spüren Sie in Ihre Wir-

belsäule hinein, imaginär ziehen Sie die Wirbel auseinander – so, als würden Sie noch ein paar Zentimeter größer werden. Ob Sie die Augen schließen oder nicht, entscheiden Sie danach, was sich besser anfühlt.

* Mit der Einatmung führen Sie Ihre Arme nach oben, im großen Bogen, die Handflächen zeigen nach oben. Stellen Sie sich dabei vor, dass Sie alles in sich aufnehmen, was es an Gutem im Außen für Sie gibt, auch mit den Menschen.

* Wenn Sie oben angekommen sind, zeigen Ihre Handflächen zu Ihnen und Ihrem Scheitel, zu Ihrer Schädelkrone. Jetzt rieselt die Verbindung zu den anderen und allem, was Sie umgibt, auf Sie runter.

* Führen Sie die Hände mit einer Ausatmung vor Ihrem Körper nach unten. Auf Höhe Ihres Nabels drehen Sie die Daumen nach außen, sodass die Handflächen nach oben zeigen, und führen Ihre Hände mit einer ausladenden Bewegung nach außen. Immer noch ausatmend geben Sie nun etwas von Ihrer Energie nach außen ab. So verbinden Sie sich übers Geben mit dem Außen.

* Wieder einatmen, Hände nach oben, wie eben beschrieben, sich verbinden mit dem, was Sie umgibt. Ausatmen, Hände nach unten führen, Hände umdrehen, etwas geben und sich mit dem verbinden, was Sie umgibt. Ihr Atem verbindet Sie mit allem und alles verbindet sich mit Ihnen.

Dies ist eine kleine Übung und nicht so umfangreich wie alle bisher beschriebenen Coachings. Bei dieser Übung geht es vor allem darum, sie jeden Tag auszuführen, und zwar über einen langen Zeitraum.

Wenn ich diese Übung mit Einzelklienten gemacht habe, waren sie danach wie ausgewechselt! Sie waren tatsächlich stärker präsent. Ihr Geist war ruhiger, der Atem und die Herzschlagfrequenz ebenso. Sie kamen in den Körper und in ihr Gefühl. Zumindest kurzfristig waren die Gedanken nicht mehr vorherrschend.

FISCHE

BUNTE IDENTITÄTEN

DIE SONNE IM BÜNDNIS MIT ANDEREN PLANETEN

Liz Greene, eine von mir sehr geschätzte Astrologin, verglich die Sonne in einem Horoskop mit der Schnur einer Perlenkette. Auf dieser Schnur sind alle anderen Planeten aufgereiht. Das bedeutet im Umkehrschluss: Falls die Schnur fehlt, ist es schwer, die Identität auszubilden. Unsere Persönlichkeit findet nicht den Zusammenschluss zu einem großen Ganzen. Nur die Kraft der Sonne verbindet die unterschiedlichen Persönlichkeitsanteile miteinander.

In meinen Beratungen fiel es manchen Menschen schwer, das Bild verschiedener Persönlichkeitsanteile anzunehmen. Sie fragten mich manchmal, ob das nicht einer psychischen Störung in Richtung multipler Persönlichkeit gleichkäme. Lachend verneinte ich diese Sorge. Meiner Ansicht nach ist die Gefahr einer psychischen Erkrankung eher dann gegeben, wenn der oben genannte Zusammenschluss fehlt beziehungsweise mehrere Persönlichkeitsanteile nicht integriert werden können. Die meisten Menschen sehnen sich und streben nach Integrität. Sie wollen sich selbst treu sein und ihren Idealen (astrologisch unter anderem Neptun zugeordnet) und Werten (im Horoskop symbolisiert durch Venus) entsprechend leben.

Dennoch befinden sich viele von uns in einer stetigen Ambivalenz, einer inneren Zerrissenheit, zum Beispiel weil der Arbeitsplatz mit den eigenen Werten nicht übereinstimmt. Oder sie scheitern innerhalb der Familie bei der Umsetzung der eigenen Ideale. Oder wir geraten in eine Ambivalenz aufgrund der gesellschaftlichen, politischen Entwicklungen.

Wir Menschen haben außerdem ein ausgeprägtes Bedürfnis nach Gerechtigkeit, astrologisch unter anderem symbolisiert durch Jupiter. Gerechtigkeit ist nur eins der Zeichen von Menschlichkeit. Dennoch gibt es zurzeit sehr viel Unmenschlichkeit im großen Stil. Nehmen wir das Beispiel der Flüchtlinge: Die Überlebensbedürfnisse der Menschen auf der Flucht scheinen die Komfortbedürfnisse der anderen zu bedrohen. Inwieweit kann Integrität in diesen Momenten noch gelebt werden?

Wir Menschen haben eine sehr komplexe Psyche. Dementsprechend eigenartig sind manche unserer Verhaltensweisen. Wir sind oft beides: sowohl ehrlich als auch schwindelnd. Wir können bedingungslos vertrauen und in einer anderen Situation zutiefst misstrauisch sein. Können uns ehrgeizig auf ein neues Projekt stürzen, um in anderen Bereichen total faul zu sein.

Bei der astrologischen Deutung einer Konstellation reicht die Skala ebenfalls von einer –10 bis zu einer +10. Wundern Sie sich also bitte nicht, wenn ich Ihnen nachfolgend eines der Sonnenbündnisse sowohl als Narzisst als auch als selbstwertstarken, positiven Charaktermenschen vorstelle. Jede astrologische Konstellation trägt ein »Sowohl als auch« in sich, ein »Von bis«.

Dies erklärt auch, warum es ohne die Interaktion, den direkten Kontakt, mit einem Menschen schwierig ist, eine genaue Aussage über seine Konstellationen, sein Horoskop und letztlich seine Persönlichkeit zu machen. Ohne die Interaktion lässt sich jedoch aufzeigen, was für eine Persönlichkeit er haben *könnte*. Denn jede Konstellation birgt Entwicklungspotenzial, das genutzt wird oder ungenutzt bleibt, bewusst wird oder unbewusst seine Wege findet.

Unsere Sonne im Horoskop will strahlen. Sonne bedeutet Schöpferkraft. Sonne bedeutet auch, Botschafter für etwas zu sein. Unsere Sonne will, gleich der im Universum, etwas geben. Leben spenden. Eine meiner Klientinnen mit einer Sonne-Jupiter-Konjunktion hat sieben Kinder. Ihre Sonne befindet sich im Zeichen Löwe, dem Zeichen, zu dem die Sonne gehört. Mit Jupiter dazu fühlt es sich göttergleich an. Sobald sie einen neuen Mann kennenlernt, hat sie das Bedürfnis, ihm ein Kind schenken zu wollen. Hier begegnen wir dem Schöpfungsmythos. Ein eigener kleiner Hofstaat entsteht.

In unserem Universum ist die Sonne der Fixstern, um den sich alles dreht. Niemand würde dies kritisieren, anzweifeln oder pathologisieren. Stellen Sie sich vor, Astrophysiker schlügen plötzlich Alarm und würden behaupten, Saturn müsste eine wichtigere Rolle im Universum eingeräumt werden als der Sonne. Die Sonne ist integer. Sie ist unantastbar! Unsere Identität ist es auch.

Fest steht: Die wichtigste Beziehung in unserem erwachsenen Leben ist die Beziehung zu uns selbst. Damit meine ich jedoch nicht, dass wir unentwegt um uns selbst

DIE ASPEKTE

In der Astrologie sprechen wir von verschiedenen Aspekten. Der Tierkreis mit seinen 360 Grad besteht aus zwölf Tierkreiszeichen. Diese sogenannten Sternzeichen sind im Tierkreis jeweils in 30 Grad aufgeteilt. (Anmerkung: Die tatsächlichen Sternbilder am Himmel sind unterschiedlich groß.) Ich beschreibe einige der Hauptaspekte, die am häufigsten von Astrologen verwendet werden.

Konjunktion: Zwei oder mehr Planeten tummeln sich auf den gleichen Gradzahlen. Hier kann man gar nicht anders, als zusammen zu sein – ob es passt oder nicht. Stellen Sie sich vor, Sie müssten das Zimmer mit jemandem teilen, weil Sie sonst gar keins hätten. Es gibt keine Wahl, nun machen Sie das Beste daraus. Sobald sich mehr als drei Planeten auf den gleichen Gradzahlen befinden, sprechen wir von einem Stellium.

Sextil (60-Grad-Aspekt): Man mag sich, man sieht sich, spielt sich gegenseitig Bälle zu. Dennoch befindet man sich nicht mehr im gleichen Zimmer, sondern jeder hat seins. Durch diese angenehme Distanz fällt es leicht, ein freundschaftliches Verhältnis miteinander einzugehen.

Quadrat: Ein Quadrat bedeutet Spannung und Herausforderung. Bleiben wir bei der Metapher des Zimmers, so bedeutet das Quadrat, dass Sie zum Beispiel gern das Zimmer des anderen gehabt hätten. Oder es ist Ihnen sehr unangenehm, dass sich der andere im gleichen Hotel aufhält wie Sie. Hier finden häufig Abspaltungen statt. Wir identifizieren uns mit einem Teil des Aspekts, den anderen überlassen wir gern den »anderen«. Ein Quadrat ist Herausforderung. Es bleibt uns nichts anderes übrig, als daran zu »arbeiten«. Und zwar so lange, bis eine Integration der Persönlichkeitsteile stattgefunden hat. Meistens ist dies ein langer Suchprozess, dafür umso tiefgehender.

DIE SONNE IM BÜNDNIS MIT ANDEREN PLANETEN

Trigon: Ein Trigon gleicht einem harmonischen Zusammenspiel, Hand in Hand. Hier fließt die Energie. Jeder der Persönlichkeitsanteile trägt das Beste zum Gelingen bei. Unsere Persönlichkeitsanteile sind in gutem Austausch. Hier ist es so, dass wir es als Bereicherung sehen, dass der andere auch so ein schönes Zimmer hat wie wir, es gibt mehrere Wahlmöglichkeiten. Bei einem Trigon muss nicht gekämpft werden, es gibt keine Erwartungen aneinander, zwischen diesen Anteilen gibt es große Toleranz und Akzeptanz.

Opposition: Wir wohnen nicht im selben Haus, sondern in gegenüberliegenden. Wir werden zu Beobachtern oder fühlen uns beobachtet. Die Gefahr der Abspaltung ist hier groß, ganz besonders, wenn es sich um »fiese« Konstellationen handelt. Wir gehen unbewusst in die Projektion.
Um eine Opposition ins Fließen zu bringen, gilt es, das Miteinander zu fördern. Sobald wir die Jalousien runterlassen oder die Vorhänge stets geschlossen halten, wird der Druck von »außen« noch größer. Fenster auf, schauen, wer da wohnt, am besten eine Schnur spannen und gemeinsam für etwas eintreten – das könnte die Lösung sein. Etwa wie in manchen Dörfern, wo sich Menschen eine Wäscheleine teilen, von einem Haus zum anderen. Jeder kann hier dann seine saubere Wäsche aufhängen!

kreisen. Wir würden dann niemals wahres Glück erfahren. Ich meine vielmehr, dass es sehr wichtig für unsere Identität ist, in einem guten Kontakt mit uns selbst zu sein. Wenn wir nicht »bei uns« sind, wer ist es dann? Dafür benötigen wir Zentrierung und Orientierung.

Die gute Beziehung zu uns selbst bringt es mit sich, dass wir Bewusstsein schaffen. Es liegt außerdem in der Natur des Menschen, gut sein zu wollen. Sowohl in den eigenen Handlungen als auch moralisch. Wenn wir Bewusstsein schaffen, geht dies häufig mit der Entwicklung zu einem »bes-

BUNTE IDENTITÄTEN

seren« Menschen einher. Zumindest in der Wahrnehmung unserer selbst. Wir lösen uns zum Beispiel von den Verzerrungen der Realität, wenden uns der Erkenntnis zu, die Freiheit bedeutet.

In diesen Prozessen wird uns klar, dass wir – und nur wir! – die Architekten unseres Lebens sind. Wir übernehmen Eigenverantwortung. Je nachdem, mit wem sich die Sonne verbindet. Die Eigenschaften jedes Planeten sind für uns die Vehikel zum Bewusstsein, also Hilfsmittel auf dem Weg zu unserer Identität.

Dieser Aspekt, also die Stellung von Sonne, Mond und den Planeten zueinander, von dem ich in diesem Kapitel spreche, ist die Konjunktion. Ich nenne sie auch gern »Bündnis«.

Vielleicht ist Ihnen die Astrologie bereits vertraut und Sie können sogar etwas mit den Aspekten anfangen. Da ich einen großen Unterschied darin sehe, in welchem Aspekt Planeten zueinander stehen, beschreibe ich hier nur die Konjunktion. Sie erinnern sich: das Zimmer, das man teilt und in dem man versucht, das Beste daraus zu machen. Vielleicht haben Sie Geschwister und mussten sich in jungen Jahren auch ein Zimmer teilen. Und vielleicht haben einige von Ihnen auch erlebt, wie es der Schwester, dem Bruder oder Ihnen selbst gut gelang, sich besonders »breit« zu machen. Selbst wenn wir versuchen, das Beste aus einem »geteilten« Raum zu machen, finden hin und wieder Revierkämpfe statt. Diese können so ausfallen, dass sich einer dem anderen anpasst und die eigenen Impulse nicht ausdrückt, auslebt oder unterdrückt.

Die heutige Astrologie ist ohne Psychologie kaum denkbar und brauchbar. Dennoch möchte ich kein Problem aus Konstellationen machen, sondern Licht und Schatten aufzeigen. Problemfinder zu werden, ist einfach. Lösungssucher zu sein, weckt mehr Neugier. Nachfolgend erfahren Sie mehr über die bereits erwähnten Bündnisse und welche Auswirkungen diese auf Ihre Persönlichkeit haben können.

SONNE UND MOND – DER IDENTITÄTSKOKON

Wenn Sonne und Mond am Himmel zusammenstehen, bedeutet dies, dass Neumond ist. Dann ist vom Mond nichts zu sehen, die Nacht ist entsprechend dunkel, sie ist nachtschwarz.

In der Astrologie gehört Mond zum Sternzeichen Krebs. Er symbolisiert zum einen jede Menge kindlicher Anteile, zum anderen aber auch die Mutter. Mond ist das Symbol für unsere Gefühle, wechselhaft, lunar, Ebbe und Flut, für unsere Seelenlandschaft, mehr noch: Mond ist Seele. Mond ist Ausdruck unserer Bedürfnisse, aber auch ein Ausdruck für die Nacht, unser Unbewusstes, das Unklare.

Im Bündnis mit der Sonne ist es so, als würde das Licht der Sonne von der Nacht verschluckt werden – oder die Nacht von der Sonne ausgeleuchtet sein. Sonne und Mond sind die beiden großen Lichter eines Horoskops, sein Grundriss, das Fundament: Persönlichkeit und Identität vereint mit Gefühl und Seele. Mond und Sonne gehören zusammen wie Yin und Yang, Schwarz und Weiß, Frau und Mann.

Der Mondzyklus bringt verschiedene Rhythmen mit sich. Bei Vollmond befinden sich Sonne und Mond in einer Opposition am Höhepunkt des Mondlaufs. Dagegen bedeutet Neumond Abschluss und Neubeginn.

Gleich dem Mond, der am Nachthimmel nicht mehr zu sehen ist, kann auch jemand mit einer solchen Sonne-Mond-Konstellation immer wieder verschwinden. Starke Rückzugstendenzen, absolute Identifikation mit sich und den eigenen Bedürfnissen können dazu führen, Schwierigkeiten im sozialen Kontext zu haben. Ein Sonne-Mond-Neumond-Geborener verfügt über ein sehr vielfältiges Innenleben. Je nachdem, wie und wo sich diese Konstellation aufhält, braucht es Ausdrucksmöglichkeiten. Ein Neumond-Geborener kann schnell zu der Annahme gelangen, niemanden zu brauchen. Vielleicht gehört er tatsächlich zu den wenigen Menschen, die vollkommen autark mit sich allein zufrieden und glücklich sind. Je nach Kulturkreis und beruflichen wie privaten Möglichkeiten kann diese Haltung jedoch öfter zu starken Rückzugstendenzen und Scheinwelten führen, die im schlimmsten Fall Isolation mit sich bringen.

BUNTE IDENTITÄTEN

FALLBEISPIEL

Alexander war ein Neumond-Geborener. Sonne und Mond befanden sich im Zeichen Zwillinge. Schreiben, Lesen, Kommunikation, Informationsweiterleitung, Vielseitigkeit, Neugier, Freude am Lernen, Witz, Flexibilität – das waren die Schlagworte, die mir sofort in den Sinn kamen. Gleichzeitig tauchte ein großes Fragezeichen auf: Alexander war alles andere als kommunikativ. Die Astrologiebewanderten werden nun einwenden, dass die Platzierung von Merkur ausschlaggebend dafür sei. Dieser befand sich ebenfalls im Zeichen Zwillinge.

Alexander war Anfang 20 und hielt sich mit Gelegenheitsjobs über Wasser. Wie sich herausstellte, hatte er eine sehr schwierige Kindheit hinter sich, war zeitweise im Heim aufgewachsen, hatte Gewalterfahrungen gemacht und seinen Hauptschulabschluss gerade so hingekriegt. Er war Legastheniker, was in den 1970er-Jahren noch als Behinderung angesehen wurde.

Dennoch träumte er davon, zu studieren oder Musiker zu sein. Leider war er überhaupt nicht gefördert worden, sodass er auch seine Möglichkeiten überhaupt nicht realistisch einschätzen konnte. Er lebte in seinem Zwillinge-Kokon der tausend Möglichkeiten und war mit sich zufrieden, wenn er auf seiner Gitarre klimperte und dazu sang, ohne einen einzigen »richtigen« Ton zu treffen und ohne jegliche Harmonie.

In seiner Welt war er intelligent, musikalisch und vielseitig begabt.

Ich riet ihm, dass es für seine Zukunft wichtig wäre, etwas »Richtiges« zu lernen. Da er Kinder mochte, begann er eine Ausbildung als Erzieher, gleichzeitig begab er sich in Therapie, um seine eigene Kindheit zu verdauen.

Mithilfe seiner Ausbildung lernte er verschiedene Fertigkeiten, begann Gitarrenunterricht zu nehmen, war Lernender, doch bald auch schon Lehrender in Kindergärten. Es war so, als könnte er noch mal an seine Kinderseele anknüpfen, um das Beste aus sich herauszuzaubern.

Viele Jahre später hatte er seine Berufung gefunden und baute in alternativen Projekten Kunstwerkstätten für Kinder auf. Sein Einfallsreichtum war unerschöpflich. Er hatte eine gute Wirkstätte dafür gefunden und fand einen Weg aus seinem Kokon, konnte in ihm jedoch unglaublich viel Neues entdecken.

SONNE-MOND-ÜBUNG

Sonne und Mond befinden sich in Ihrem Horoskop. Sonne und Mond sind ebenfalls Symbol für Vater und Mutter, ob nun göttlich, universell oder tatsächlich. Nun geht es darum, dieses Paar als etwas Beschützendes wahrnehmen zu können, das sich außerhalb von Ihnen befindet.

* Setzen Sie sich bequem hin, die Füße auf dem Boden.
* Wählen Sie für die Sonne und den Mond jeweils eine Hand. Ihre Hände liegen auf den Oberschenkeln.
* Konzentrieren Sie sich nun voll und ganz auf die Sonnenhand. Lassen Sie eine Sonne in Ihrer Hand entstehen, vielleicht mit einer goldenen Farbe. Fühlen Sie die Wärme in Ihrer Hand. Lassen Sie sich Zeit.
* Dann fühlen Sie in die andere Hand, die Mondhand. Spüren Sie die Kühle, vielleicht mit einer silbernen Farbe.
* Spüren Sie nun gleichzeitig in Ihre beiden Hände.
* Führen Sie nun die Hände zusammen, ganz in Ihrem Tempo.
* Dann bewegen Sie Ihre Hände in Richtung Ihres Herzens, sodass Sonne und Mond in Ihnen sind. Gold und Silber verschmelzen und breiten sich in Ihnen aus. Legen Sie Ihre Hände auf den Oberschenkeln ab.
* Nun wandern diese Farben durch Sie hindurch, verwandeln sich in Ihr Elternpaar. An der Rückseite Ihres Körpers stehen nun Ihre Eltern hinter Ihnen.
* Spüren Sie die stärkende Kraft Ihrer Eltern hinter sich. Lassen Sie jeweils eine oder beide Hände Ihrer Eltern auf Ihren Schultern ruhen.
* Mit dieser Kraft visualisieren Sie sich ein Zielbild im Außen, etwas, das Sie sich wünschen und nun, dank der Verbindung mit der Elternkraft, leichter verwirklichen können.

SONNE UND MERKUR – DENKEN UND SEIN

Planet Merkur befindet sich immer in der Nähe der Sonne. Merkur, der in der hellenistischen Welt unter dem Namen Hermes als Gott der Redekunst bekannt ist, ist das Symbol dafür, wie wir mithilfe unserer Sprache in die Welt gehen, Kontakt aufnehmen, wie wir denken, wie wir mit Geist umgehen. Da sich Merkur astronomisch immer in der Nähe zur Sonne befindet, sind Identität und das Denken gar nicht so einfach zu trennen. In einem Horoskop befindet sich Merkur meist im gleichen Zeichen wie die Sonne, oder ein Zeichen davor oder danach.

Der Geist ist in unserer heutigen Zeit übermächtig geworden. Es gibt nur wenige Menschen, die sich nicht mit ihrem Denken identifizieren – und noch viel weniger, die überhaupt einsehen, dass sie nicht sind, was sie denken. Das, was wir denken, erzeugt jedoch Gefühle, und andersherum. In meinen Beratungen gehört es immer dazu, Menschen darauf aufmerksam zu machen, dass ihr Geist gelenkt sein will. Wir treiben Sport für unseren Körper, achten auf unser Äußeres, doch wir kümmern uns selten um die Lenkung unseres Geistes. Wir lassen uns denken und verzweifeln nicht selten genau daran. Tatsächlich braucht auch der Geist – ähnlich einem Muskel – Training, um wirklich stark zu sein.

Wenn nun die Sonne, unsere Identität, mit Merkur, dem Geist, in Verbindung tritt, ist die Identifizierung mit dem Denken, vor allem mit der eigenen Meinung, besonders ausgeprägt. Wir sind in uns vereint und der Austausch, den Merkur letztlich braucht, findet innerlich statt, mit den eigenen Auswahlkriterien. Natürlich können wir bei dieser Konstellation zu den größten Denkern, Schriftstellern und Dichtern werden. Doch wir bleiben mit unserer Meinung bei uns. Die Sonne, Identität, ist ohne unser Denken darüber, wer und was wir sind, undenkbar. Dennoch – die starke Identifikation damit führt wiederum nicht zu Bewusstsein. Sonne bringt natürlich auch Licht in den Geist. Wir erschaffen neue Geisteswelten, forschen und brauchen diese Räume, um uns zu entfalten. Sonne-Merkur sind auch das Symbol für tiefe Erkenntnisse. Wichtig ist es, das Denken lenken zu können und auch ohne Denken zu sein. »Ich denke, also bin ich«

braucht den Rotstift. Es gilt, die Automatismen eines fortwährend rennenden Geistes zu stoppen beziehungsweise lenken zu können. Wir brauchen einen Ausgang für diese reichhaltige Gedankenwelt, eine kreative Umsetzung.

FALLBEISPIEL

Eine meiner Klientinnen mit Sonne-Merkur-Konjunktion, noch dazu im Zeichen Fische, sprach von sich selbst als Dichterin und Lyrikerin. Leider hatte sie seit vielen Jahren weder etwas geschrieben noch publiziert. Ihre Identität war jedoch unantastbar. Um herauszufinden, ob sie ihrer Identität als Dichterin mehr Realität einhauchen könnte, riet ich ihr, unbedingt mit dem Schreiben zu beginnen. Sie fand einen Raum dafür, brachte jedoch nichts zu Papier und bezeichnete ihren Zustand folgendermaßen: »Ich bin allein in meinem Gedankenpalast.«

Ihre Identität war jedoch integer. Dichterin und Lyrikerin. Sonne und Merkur bilden ein starkes Team, sie fühlen sich im eigenen Gedankenpalast zusammen wohl und kennen keine Langeweile. Doch wie so oft bei Konjunktionen dringt wenig bis gar nichts davon nach außen.

SONNE-MERKUR-ÜBUNG

Ich erwähnte bereits, dass sich die meisten von uns mit ihrem Denken identifizieren. Bei manchen ist diese Identifikation so ausgeprägt, dass es ihnen zunächst unvorstellbar erscheint, Denken und Sein überhaupt als zwei voneinander getrennte Zustände wahrnehmen zu können. Falls Sie in diesem Moment ebenfalls ein großes Fragezeichen im Kopf haben, benötigen Sie mehr Vorlaufzeit und Übungen, um die Sonne-Merkur-Übung ausführen zu können. Aktivieren Sie Ihren inneren Beobachter, wie ich es Ihnen im Kasten auf der nächsten Seite erläutere.

Unser Geist arbeitet ununterbrochen. Wir benennen, auch wenn dies meist unbewusst geschieht, ununterbrochen alles, was uns begegnet. Diese Übung ist für Fortgeschrittene im »Denken lenken, um zu sein«. Sie können jederzeit und überall üben. Es geht darum, dass Sie die Benennungen der Dinge aufheben. Das bedeutet: Sie scannen Ihr Umfeld nicht mehr ab, sondern nehmen wahr, was Ihnen begegnet, ohne sofort innerlich Auto, Frau, Fahrrad, Haus aufzurufen. Sie lösen sich von den Benennungen und öffnen sich für

BUNTE IDENTITÄTEN

MIT DEM STILLEN BEOBACHTER DENKEN UND SEIN TRENNEN

Eine der Vorübungen ist es, zum stillen Beobachter Ihres Geistes und Ihrer Gedanken zu werden. Das bedeutet wahrzunehmen, was Sie denken und wann Sie denken. Außerdem zu beobachten, welche verschiedenen Persönlichkeitsanteile dieses Denken lenken. Sehr häufig sind es der innere Sorgenmacher, Kritiker oder Zweifler. Je nachdem, was wir denken, beeinflusst es unsere Stimmung außerordentlich. Gedanken erzeugen Gefühle. Problemen liegt als Ursache meist ein Gedanke zugrunde. Auch das ist vielen Menschen nicht klar. Freunden Sie sich also mit Ihren Gedanken an, stoppen Sie Ihre Sorgenmacher, indem Sie sie »erwischen«.

Ich kann manchmal gar nicht glauben, was ich alles denke! Zeitweise frage ich mich, wo diese Gedanken überhaupt herkommen, wenn es besonders schmerzliche oder beängstigende sind.

Den stillen Beobachter dauerhaft zu aktvieren, kann Jahre dauern. Dann sind Denken und Sein in einem unabhängigen Zustand voneinander. Dann erst können Sie diese lenken und Ihre Denkprozesse aktiv gestalten.

Unser Geist braucht, genau wie unser Körper, gutes Futter. Gönnen Sie ihm regenerative Leerlaufphasen, doch ansonsten geben Sie ihm gutes Futter! Und hören Sie nie auf zu lernen!

eine neue Wahrnehmung. Wenn wir einmal etwas wahrgenommen haben, ist es damit gleichzusetzen, dass es unveränderlich wird. Sobald wir die Benennung gefunden haben, ist unsere achtsame Wahrnehmung runtergedimmt. Mit dieser Aufhebung wird nun vieles anders, wir erkunden die Welt wieder. Gleich einem Kind, das noch keine Vorstellungen darüber hat, keine feste Meinung darüber, was ihm begegnet. So kann eine Offenheit entstehen, inklusive einer Schulung und neuen Erfahrung unseres Geistes. Eine Offenheit, die unsere instinktiven Wahrnehmungskanäle aufatmen lässt, weil wir uns von den ständigen Erklärungen entfernen.

SONNE UND VENUS – WENN DIE LIEBE ZU HAUSE BLEIBT

Venus ist eines der hellsten Gestirne am Nachthimmel. Sie befindet sich, ähnlich dem Planeten Merkur, immer in der Nähe der Sonne. Das macht es wohl auch aus, dass wir überhaupt zu einer Identität finden.

Unter allen Planeten ist Venus neben Saturn wohl der bekannteste. Venus entspricht der griechischen Aphrodite. Umgangssprachlich wird sie meist in einem Atemzug mit Liebe genannt. Doch was genau ist Liebe? In unserer romantischen Vorstellung ist Liebe häufig das Synonym für Partnerschaft à la Hollywood, doch Liebe ist viel mehr. Dazu können wir einen Menschen mit Sonne-Venus-Konjunktion befragen. Diese Menschen können tatsächlich Spezialisten für alles rund um die Liebe werden, ohne dafür in einer Beziehung zu leben.

Menschen mit Sonne und Venus im Horoskop sind, was eine ästhetische Inszenierung ihrer selbst angeht, nicht zu toppen. Schönheit zu verbreiten, schön zu sein, ist nämlich eine angenehme »Nebenwirkung« dieser Konstellation. Die Sonne will scheinen. Manche Sonnenbündnisse erschweren dies, Venus im Bündnis erleichtert das eher: Die Venus kann von Sonne gar nicht genug bekommen.

Venus braucht das Feedback von außen. So wie wir, um genau wahrnehmen zu können, was uns ausmacht und wer wir sind, um unsere Werte kennenzulernen. Sie hat keine Satelliten, sie ist mit sich selbst beschäftigt genug. Ihre Planetenbahn ist angepasst. Denn Venus bedeutet auch lieben und geliebt werden. Sonne-Venus bringt es mit sich, dass wir ziemlich friedliebend und angepasst unterwegs sind. Allerdings nur auf den ersten Blick. Wenn die Liebe zu Hause bleibt, wenn sich also Sonne und Venus verbinden, fällt es uns leichter, uns selbst anzunehmen und wertzuschätzen. Wir sind gern mit uns zusammen. Wir identifizieren uns eher mit den angenehmen, kreativen und schönen Seiten unseres Selbst. Natürlich birgt dies auch die Gefahr einer gewissen Selbstüberschätzung oder permanenten Selbstbezogenheit. Gleich einem Fotografen, der nur noch Selfies produziert, oder einem Künstler, der ausschließlich Selbstporträts malt.

Seit geraumer Zeit beschäftigen sich viele mit dem Thema Selbstliebe. Bei einem Sonne-Venus-Bündnis sind wir uns selbst am nächsten. Was auch immer wir für andere tun oder lassen, wir tun es auch für uns. Der einzige Stolperstein bei dieser sonst sehr angenehmen Konstellation ist eine überzogene Selbstbezogenheit. In der Welt einer Sonne-Venus-Identität hat der Alltag nicht viel verloren. Die Schönheit braucht Raum und will gelebt werden. Wir können Stil und Eleganz von ihr erlernen, wir können an ihrer Seite einen gewissen Glanz genießen. Eine Sonne-Venus-Persönlichkeit kann uns zu allem verführen, ohne dass wir es merken. Das Beste ist grad gut genug. Die Identität erfährt hier eine Aufwertung. Nicht nur die eigene, auch die der anderen. Wir sehen unsere besten Anteile, allerdings sind die Scheuklappen für schattige Anteile noch größer. Dementsprechend kann es zu Projektionen kommen: Dabei führt man sich immer wieder vor Augen, woran es anderen mangelt. Sonne-Venus ist eine Krönung der eigenen Person. Wir können aus anderen ebenfalls das Beste herauslocken – oder sie zu unserem Fanklub erklären. Ich genieße es sehr, mit Sonne-Venus-Persönlichkeiten zusammen zu sein, denn es hat immer etwas Großartiges, egal, was ich mit ihnen unternehme. Sonne-Venus-Menschen verleihen allem etwas Besonderes. Es sind Schmeichler, Genießer und auch Konfliktvermeider. Da die Liebe und das Kreative bei diesen Menschen häufig zu Hause bleibt, können wir diese Menschen in wundersamen Ateliers finden.

SONNE-VENUS-ÜBUNG

Wir begeben uns nun auf eine meditative Ebene, denn das, was Sonne-Venus-Menschen in sich tragen, lohnt, nach außen abgegeben zu werden. Diese Übung ermöglicht Ihnen zumindest auf meditativer Ebene, mehr mit anderen als sich selbst beschäftigt zu sein. Auch wenn Sie mit anderen beschäftigt sind, so meist in Bezug auf sich selbst.

Diese Übung unterstützt einerseits das Dauerthema, unseren Geist zu lenken und zu führen. Andererseits dient sie dazu, das, was wir an Liebe und Mitgefühl in uns tragen, aufzuspüren und genau darüber zu meditieren. Diese Achtsamkeitsmeditation führt nachweislich schon nach kurzer Zeit, nach etwa zwei bis vier Wochen, zu einer Veränderung, zum Beispiel unserer Amygdala. Sie hat ihren Sitz im Gehirn und ist unter anderem auch unser Angstzentrum. Sehr vereinfacht ausgedrückt, führt diese Meditation zu einer Verringerung unserer Angst. Sonne-Venus-Menschen würden nicht per se mit ängstlichen Menschen gleichgesetzt werden. Doch wer Konflikte vermeiden will oder schwer damit umgehen kann, hat meist auch Angst vor dem Konflikt, den Bruchstellen des Lebens, dem Unschönen.

Diese Übung ist eine Meditation. Auch wenn Sie bis jetzt nur eine schwammige Vorstellung von Meditation haben, möchte ich Sie unbedingt dazu animieren, diese für mehrere Tage auszuprobieren. Sie werden feststellen, dass sich die Tage, an denen Sie meditiert haben, in der Qualität von den Tagen ohne Meditation unterscheiden. Die Qualität und das Erleben werden um einiges verbessert.

Bevor Sie beginnen, stellen Sie das Handy, Musik und sonstige Störfaktoren bitte ab. Stellen Sie sich einen Wecker, schätzen Sie realistisch ein, wie viel Zeit Sie zunächst haben. Sie können sich nach und nach steigern. Beginnen Sie zum Beispiel mit 15 Minuten und stocken Sie dann langsam auf 30 Minuten auf.

* Finden Sie auf einem Stuhl, auf dem Boden oder einem Meditationskissen eine bequeme aufrechte Haltung, damit Sie für längere Zeit sitzen können.
* Schließen Sie Ihre Augen.
* Bewegen Sie sich nicht mehr, folgen Sie Ihrem Atem und fokussieren Sie sich auf zwei Dinge: Liebe und Mitgefühl.

Mehr gibt es bei dieser Meditation nicht zu tun. Ob Sie nun währenddessen an Menschen denken, denen Sie diese Qualitäten wünschen, vielleicht ganz besonders jenen, mit denen Sie eventuell Schwierigkeiten haben, oder ob Sie in sich hineinfühlen, wo in Ihrem Körper Liebe und Mitgefühl zu spüren sind, bleibt Ihnen überlassen. Vertrauen Sie darauf, auch ohne genaue Vorstellungen und Anleitungen nach einer gewissen Meditationspraxis zu diesen Werten zu finden. Und vertrauen Sie darauf, dass Sie mit diesem scheinbaren Nichtstun mehr initiieren als durch vieles andere.

Nach der Meditation, wenn der Wecker klingelt, schütteln Sie sich etwas aus und, ohne Worte darüber zu verlieren, springen Sie einfach rein in den Alltag.

SONNE UND MARS – ENERGIE UND KAMPF

Sonne und Mars galten in der Astrologie seit jeher als »männliche« Planeten. Das kann so heutzutage nicht mehr festgelegt werden, weil die klaren Rollen und Geschlechterzuordnungen hinfällig werden. Sagen wir daher besser: Sie entsprechen dem alten männlichen Prinzip, das für Durchsetzungsvermögen und Kampf steht. Sonne-Mars bedeutet: Wir kämpfen, wir setzen unsere Interessen durch, wir sind in unserer Kraft und setzen diese zielgerichtet ein. Wir durchbrechen Grenzen, erobern, lieben den Thrill, packen gern zu, brauchen körperlichen Einsatz. Krafteinsatz – doch wofür oder wogegen? Im schlimmsten Fall bekämpfen wir uns selbst, handeln gegen uns und unsere Identität. Da Sonne-Konjunktionen auf kleinstem Raum miteinander auskommen müssen, ist dies eher unwahrscheinlich. Insofern verstärkt ein Mars in der Nähe das Ego und wir haben starke Tendenzen, uns und unsere Interessen durchzusetzen, neigen bisweilen dazu, über andere hinwegzurennen, sind Leader und ziehen meistens Menschen an, die sich uns anschließen. Sonne-Mars hat Mumm und Führungsqualität. Dagegen ist nichts einzuwenden, solange sich der Mensch dessen bewusst ist. Außerdem ist interessant, wie bei allen anderen Sonne-Konjunktionen, in welchem Tierkreiszeichen und Haus sich dieses befindet. Sonne-Mars verfügt über viel Kraft, die fruchtbaren Boden braucht, weil sie sich sonst gegen sich selbst wendet oder aggressive Verhaltensweisen aufweist. Sonne-Mars-Persönlichkeiten sind häufig Sportskanonen und haben mit dem Sport ein gutes Ventil, um die ihnen innewohnende Energie zu kanalisieren. Die nachfolgenden Übungen eignen sich dementsprechend auch dazu, Energie zu erzeugen oder zielgerichteter einsetzen zu können. Falls Sie große Schwierigkeiten mit Konflikten oder der Durchsetzung haben, eignen sich die Übungen ebenfalls. Nelson Mandela brachte es einmal auf den Punkt, als er sagte, dass wir meistens mehr Angst vor unserer Kraft haben denn vor unserer Schwäche. Uns zur vollen Größe aufzurichten, erfordert Mut. Von sich selbst überzeugt zu sein, kann der Gemeinschaft durchaus zugutekommen – es kommt auf den Bewusstseinsgrad an. Das

Ego ist nicht automatisch negativ zu beurteilen. Ich betrachte das Ego als eine Stufe, auf der wir jedoch keineswegs stehen bleiben sollten.

Meiner Beobachtung nach ist es wesentlich einfacher, mit Menschen klarzukommen, die zu ihrem Ego stehen, als mit denen, die eher versteckt ihre Interessen durchsetzen und nicht zu sich stehen. Sonne-Mars neigt allerdings auch dazu, hart mit sich umzugehen. Bei so viel Spannung braucht es auch Entspannung. Die Sonne-Mars-Übung bringt Sie allerdings eher in die Kraft.

SONNE-MARS-ÜBUNGEN

Sonne-Mars braucht Bewegung. Die äußere Haltung spiegelt die innere Haltung. Das ist Ihnen sicherlich nicht neu. Sie werden Menschen besser verstehen und eher nachfühlen können, wie es ihnen geht, wenn Sie einmal deren Gangart und Haltung nachspielen. Doch wie bewegen Sie sich eigentlich?

1. Nehmen Sie eine aufrechte Haltung ein, gern im Stehen. Lassen Sie den Atem ein- und ausfließen, spüren Sie Ihren Körper. Wo in Ihrem Körper ist das meiste Kraftpotenzial? Ihr Motor, wo sitzt der? Bitte nicht denken, sondern fühlen.

   Bauen Sie im Laufe der Tage eine Standleitung zu diesem Motor auf. Dann können Sie immer daran andocken, wenn Sie mehr Energie brauchen.

2. Wenn Sie unterwegs sind, weichen Sie den entgegenkommenden Menschen aus? Oder bleiben Sie auf Ihrer Strecke, sodass die anderen ausweichen müssen? Das erzählt etwas über Sie, Ihr Entgegenkommen, Ihre Durchsetzungsfähigkeit. Probieren Sie das Gegenteil aus und spüren Sie ganz bewusst in diese Veränderung hinein.

3. Bewegen Sie sich für einen Tag etwa 25 Prozent schneller als sonst. Was macht das mit Ihnen? Wie geht es Ihnen damit? Falls Sie zu den Speedys gehören, lassen Sie bitte diese Übung aus oder probieren Sie als Experiment, sich für einen Tag 25 Prozent langsamer zu bewegen.

4. Egal, wem Sie begegnen, schauen Sie jedem Menschen direkt in die Augen, ohne Unterlass. Lassen Sie den direkten Kontakt zu. Gelingt das, ganz besonders dann, wenn Sie etwas erzählen?

5. Trauen Sie sich endlich, Nein zu sagen, wenn Sie Nein fühlen und sonst meist Ja sagen, um Konflikten aus dem Weg zu gehen! Das bringt viel mehr Mut in Ihr Leben und Sie stehen endlich zu sich selbst.
6. So, und jetzt geht's zur Sache, ein paar Fragen und ehrlich antworten! Sonne-Mars ist direkt, ohne Schnörkel.

Nehmen Sie Stift und Papier, damit Sie spontan aufschreiben können, was kommt:

* Schreiben Sie bitte vier Ihrer Stärken auf, ohne diese zu verkleinern oder sich dabei peinlich zu fühlen. Falls Letzteres der Fall ist, dann üben, üben, üben.
* Können Sie Komplimente und Lob annehmen? Ohne es abzuschwächen? Falls nicht, gilt das Gleiche wie oben: üben, üben, üben.
* Vertreten Sie Ihren Standpunkt in Diskussionen oder nehmen Sie sich automatisch zurück?
* Empfinden Sie sich selbst als genauso wichtig wie andere?

Ziel dieser Fragen ist es, dass Sie möglichst viel mit Ja beantworten können.

Werden Sie sich Ihrer Stärken bewusster, hören Sie auf, sich mit anderen zu vergleichen, das führt nur ins Aus. Lernen Sie sich kennen. Knüpfen Sie an Stärken an, die Sie auf Ihrer Strecke verloren haben. Und:

Sonne-Mars braucht Action – körperliche Bewegung bringt Ihnen ein besseres Körpergefühl und dementsprechend auch ein besseres Selbstwertgefühl.

Fakt ist: Von nichts kommt nichts, zumindest keine Sonne-Mars-Energie.

SONNE UND JUPITER – DAS BESTE IST GRAD GUT GENUG

Gäbe es bei einer Inkarnation eine Reihe, an der man sich für bestimmte Planetenkonstellationen im Horoskop anstellen könnte, würde ich die Sonne-Jupiter-Schlange wählen. Die meisten Menschen mit dieser Konstellation fühlen sich im wohligen Persönlichkeitsrausch. Selbstzweifel sind ihnen fast immer fremd. Möglich ist bei dieser Konstellation auch die Prägung des Elternhauses mit dem Einfluss von Religion, Glaube, Bildung.

Sonne-Jupiter kommt in der Welt an und ist den Göttern und dem eigenen Schöpfungswesen deutlich näher als andere. Jupiter galt in der Astrologie als der große Glücksbringer, am Himmel ist er der dickste Planet im Sonnensystem und zuständig für das Massegleichgewicht. Das Zeichen Schütze, zu dem Jupiter gehört, hat seinen Sitz in der sternenreichsten Region der Milchstraße und ist nah am Zentrum der Galaxis. Noch Fragen?

Jupiter ist häufig zu sehen und galt in Rom als höchste Gottheit. In der hellenistischen Betrachtung entspricht er Zeus.

Doch was passiert, wenn unsere Identität und Persönlichkeit ein Bündnis mit Jupiter eingeht? Was sind die Risiken und Nebenwirkungen? Jupiter verleitet uns dazu, immer ein Stück abgehobener unterwegs zu sein als andere. Er ist das Symbol für Religion und Rechtsprechung, für unseren Glauben. In diesem Fall glauben wir in erster Linie an uns selbst. In die richtigen Bahnen gelenkt, ist das ein Segen, weil dieser Mensch kaum mit Selbstwertzweifeln unterwegs sein wird. Doch gehören die Widerstände, der Zweifel, die Krise nicht dazu, um daran zu wachsen? Ich meine: in gewisser Weise ja; schau ich meinen Lebensweg an, so brachte mich das Scheitern durchaus auf Wege, die ich sonst nie gegangen wäre. Mit Sonne-Jupiter ist der Weg geebnet und von großem Idealismus und Optimismus gekennzeichnet.

Planeten bewegen sich und sobald ein Planet im Aspekt zu einer unserer Geburtsplaneten ist, nennen wir Astrologen das »Transit«. Jupiter-Transite werden von Astrologen häufig als glückliche Wachstumsprozesse bezeichnet. Meiner Erfahrung nach zeigt sich dieses Wachstum bisweilen lediglich als wachsende Körperfülle und nicht unbedingt als Horizonterweiterung. Eine gewisse Trägheit, um nicht zu sagen Faulheit oder ausgeprägte Passivität und Müßiggang können Nebenwirkungen sein. Dennoch sind wir den Göttern nah und dem Gefühl, gottesgleich zu sein. Unser Glaube geht uns nicht so schnell verloren, vor allem der Glaube an uns selbst und an unsere Fähigkeiten.

Jupiter bringt diesen Persönlichkeiten den Wunsch nahe, möglichst viel Wissen anzusammeln und es der Menge zur Verfügung zu stellen. Jupiter ist derjenige, der Wissen schafft, der Professor der Kosmos-Universität, der genau weiß, wer welche Fähigkeiten hat. Sonne-Jupiter-Persönlichkeiten sind, wenn sie nicht allzu narzisstische Grundzüge entwickeln, in der Lage, anderen das zu vermitteln, was ihnen fehlt, um ein besseres Leben zu führen. Es sind die Speaker und Coaches. Es sind jene, die die Massen in Bewegung bringen, nicht unbedingt hin zu Revolutionen, doch hin zu strahlenden Persönlichkeitsentwicklungen. Sie vermitteln uns: »Du bist ein Wesen der Schöpfung, also hol das Beste aus dir raus.«

Gönnen wir ihnen eine gewisse Überheblichkeit, denn sie wissen, was gut ist, und können das Gute auch annehmen – weil sie ihm vertrauen.

SONNE-JUPITER-ÜBUNG

Da Jupiter, salopp ausgedrückt, auch meist mit dem Ausland und fremden Kulturen zu tun hat und uns mit dem Sinn des Lebens konfrontiert, handelt es sich bei dieser Übung um etwas aus der japanischen Kultur. Vielleicht ist Ihnen der Begriff »Ikigai« schon einmal begegnet? Ikigai bezeichnet den »Grund zu leben«.

Die Motive können sehr individuell und sehr unterschiedlich sein. Wichtig ist nur, tatsächlich einen Grund zu haben. Auf Dauer ist das, wenn wir Forschungen glauben, meist nicht der materielle Erfolg, sondern ein individueller Sinn des Lebens, vielleicht auch eine Berufung. Wir können Ikigai mit dem jovialen Jupiter verbinden.

Zugrunde liegt dem Begriff eine jahrhundertelange Tradition der Selbsterforschung in Japan. Sie mündet in der Grundfrage: »Wofür lohnt sich das Aufstehen heute?« Auch dem einen oder anderen Leser wird diese Frage eventuell an einem grauen Morgen schon einmal in den Sinn gekommen sein. Wie sieht es mit Ihnen aus? Ich persönlich kenne diese Frage aus Zeiten des Übergangs, des Jobwechsels, der Trennungen oder aus sonstigen schmerzlichen Phasen, in denen ich mich fühlte wie in einer Wartehalle des Lebens, ohne Plan, ohne zu wissen, ob noch ein Zug vorbeikommt und ich den nötigen Mumm besitze, um dort einzusteigen.

Viele Studien zeigen, dass Lebensfreude und Zufriedenheit auch einen direkten Zusammenhang mit einem gemeinschaftlichen Gruppenleben haben. Sie können an dieser Stelle Ihren Freundeskreis im Geiste durchgehen. Wer wirkt auf Sie besonders glücklich und warum? Was ist das Geheimnis dieser Zufriedenheit? Ich beschäftige mich schon lange damit und bin auch ohne Studien zutiefst davon überzeugt, dass wir Gemeinschaftswesen sind: Kooperation hat unser Überleben gesichert.

Nun zur Übung und den Fragen, um dem Ikigai im eigenen Leben näherzukommen. Bitte nehmen Sie sich Zeit dafür. Die vier Fragen dazu sind:
* Was liebe ich?
* Was braucht die Welt?
* Worin bin ich gut?
* Wofür werde ich bezahlt?

Wenn Sie darauf Antworten finden, die zu allen vier Bereichen passen, haben Sie Ihren persönlichen Lebenssinn gefunden. Die Japaner machen das übrigens regelmäßig, denn die Antworten auf diese Lebensfragen verändern sich im Laufe der Zeit immer wieder. Das merken Sie daran, wenn Sie sich plötzlich nicht mehr so ganz sicher sind, warum Sie morgens aufstehen. Ikigai ist ein Selbstcoaching, wie es zu Sonne-Jupiter, dem Optimum im Leben, nicht besser passen könnte.

SONNE UND SATURN – MIT DEM KRITIKER UNTERWEGS

Saturn, der Herr der Ringe, ist vielen unter uns bekannt. Die Überschrift für dieses Bündnis ist noch harmlos formuliert, denn Saturn lässt die Sonne zunächst nicht strahlen. Saturn wirkt wie ein Dimmer auf unsere Identität: Während uns Jupiter oder Venus in der Selbstbetrachtung eher überhöhen, bewirkt Saturn ein Schrumpfen aufs Minimum – zumindest zu Beginn der Identitätsfindung. Im Hintergrund dieser Konstellation stehen häufig extreme Strenge und viele Restriktionen, die wir erleben, oder eine Autoritätsfigur, die unseren ganzen Respekt verschlingt und neben der wir uns klein und schmächtig fühlen. Die Sonne will strahlen, sie ist das Symbol für Schöpferkraft. Saturn dagegen stellt Bedingungen. Wir alle kennen dies. Jeder Lehrer, jeder Mensch, der uns formt und etwas von uns fordert oder uns etwas beibringt, ist gleichzeitig ein personifizierter Saturn. Saturn ist das Rückgrat, das uns selbst zu einer Autorität heranreifen lässt. Das Schlüsselwort bei Sonne-Saturn-Konjunktionen ist »Zeit«, der Inhaltsstoff heißt »Erfahrung« – eine Sonne in Warteposition. Saturn ist ebenfalls das Symbol für Grenze. Und so grenzen sich Sonne-Saturn-Menschen häufig extrem von der Außenwelt ab. An sie ist nicht heranzukommen. Eine dicke saturnische Festungsmauer der Erwartungen und Ansprüche, vor allem an sich selbst, hält sie zurück, ihren vitalen Bedürfnissen nachzugeben. Wenn sich Sonne und Saturn einen Raum teilen, fällt das Mobiliar recht spärlich aus. Damit möchte ich ausdrücken, dass Sonne-Saturn wenig Ausflüchte zulässt. In jungen Jahren helfen wir diesen Persönlichkeiten zum Beispiel, indem wir ihnen beim Spielen auch das Verlieren beibringen, um die Frustrationsschwelle möglichst hoch zu halten. Sonne-Saturn ist hart mit sich und braucht mehr Lob und Anerkennung als andere.

Doch Achtung: Sonne-Saturn-Identitäten können sich schon dann gekränkt fühlen, wenn wir sie nicht hundertprozentig ernst nehmen. Alles wird für sie zur gewichtigen Angelegenheit. Eins der wichtigsten Gegenmittel: Humor!

Meist lernen diese mit einem brillanten schwarzen Humor ausgestatteten Menschen jedoch erst nach der Erfahrung des Scheiterns etwas später im Leben, meist erst nach der Saturn-Wiederkehr rund um die 28 Jahre alt, dass sie Wahlmöglichkeiten haben. Und dass nicht alles so ernst ist wie angenommen, dass die Welt nicht aus den Fugen gerät, wenn etwas schiefgeht.

Dann beginnen sie ihre Reise als Krisenmanager. Wenn es schwierig wird, wird eine gereifte Sonne-Saturn-Identität souverän Abhilfe schaffen und die Herausforderungen meistern. Eine unreife dagegen wird davon überzeugt sein, es schon vorher gewusst zu haben. Dass es schiefgehen kann, ist dieser Persönlichkeit immer klar.

Saturn treibt zu Höchstleistungen an oder führt in die Verweigerung. Die Angst zu versagen wird nie zugegeben, lieber probiert man es gar nicht erst. Doch in diesem Fall schließt sich um einen solchen Menschen ein Gitter, das tatsächlich in einer Depression münden kann. Sonne-Saturn braucht Zeit, Reife und Herausforderungen. Um ein Gefühl dafür zu bekommen, was sie oder er wirklich kann. Sonne-Saturn muss die eigene Autorität werden, sonst leben wir an uns vorbei und verlieren uns in Kritik. Sonne-Saturn ist der scharfe Kritiker. Helfen wir diesen Persönlichkeiten in die Bejahung, denn auf diesem Boden wächst wesentlich mehr.

Andererseits kann ein Mensch mit dieser Begabung, der Meisterschaft eines Kritikers, zu hohem Ansehen kommen. Denken wir an den Anfang dieser Beschreibung. Eine Sonne-Saturn-Persönlichkeit setzt sich sehr früh mit Autoritäten oder beschränkenden Bedingungen auseinander. So oder so hängt die Messlatte hoch. Die Identität speist sich aus der Leistung – oder der Leistungsverweigerung. Dahinter steht die Angst.

Bitte verstehen Sie den Ausdruck »Kritiker« nicht gleichbedeutend mit einem Nörgler oder Spaßverderber. »Konstruktive Kritik« ist das Schlüsselwort. Wer kritisieren will, auf Wesentliches reduzieren kann oder das Kernthema herausfiltert, muss die Materie durchdringen, um die es geht. Er muss sie verstanden haben.

Wie bei allen Konjunktionen entscheidet natürlich das Zeichen, in dem sich diese Kombination befindet, darüber, welches Thema unser Lebensthema und Kernthema wird. Unser Lebensweg ist mit einem Saturn auf der Sonne eventuell schon vorgeschrieben, bevor wir geboren sind. Das kann erleichternd sein oder erschweren.

SONNE-SATURN-ÜBUNG

Diese Übung hat einen schamanischen Hintergrund. Sie beschäftigt sich zunächst damit, den Ahnen zu danken. Der Hintergrund von Saturn, griechisch Kronos, ist Zeit. Wir denken oft sehr kurzfristig, kennen gerade noch die Geschichte unserer Großeltern, doch weiter geht unsere Vorstellung meist nicht. Häufig ist uns gar nicht klar, welche familiären Hintergründe uns begleiten, wo unser Stammbaum begann. Saturn ist häufig von Strenge und der Unterdrückung von Gefühlen begleitet. Disziplin kann uns weit bringen, dennoch brauchen wir Demut und Dankbarkeit, um anzunehmen, was kommt. Die sogenannten Saturnalien beschreiben die ausschweifenden Festivitäten zu Ehren Saturns, der als Herrscher des urzeitlichen Goldenen Zeitalters gefeiert wurde, und waren das größte römische Bauernfest. In früheren Zeiten war jedes Fest mit Opfergaben verbunden. Als Zeichen der Dankbarkeit. Und dem entsprechend ist auch unsere Übung und das damit verbundene kleine Ritual.

* Gehen Sie in eine meditative Haltung.
* Stellen Sie sich nun zunächst Ihre Eltern vor, dann deren Eltern dahinter, plus deren Schwestern und Brüder, Cousins und Cousinen. Dann wiederum deren Familien und die Eltern der Großeltern mit Familie. Gehen Sie immer so weiter, bis Ihre Vorstellung nicht mehr ausreicht.
* Bringen Sie sich selbst in eine achtsame und wertschätzende innere Einstellung und wenn Sie so weit sind, danken Sie all den Ahnen dafür, dass sie da waren und Sie daraus entstanden sind. Vielleicht geht Ihre Vorstellung gar hin zu den Ursprüngen des Universums und allen Seins – nur zu: Ihrer Fantasie sind keine Grenzen gesetzt.

Von Saturn lernen wir, Grenzen zu setzen, ohne die kein Raum entstehen würde. Nun zu unserem Ritual:

* Stellen Sie Ihren Ahnen mit einem gefühlten Dank jeden Tag eine kleine Gabe hin: einen Apfel oder etwas Reis oder Sonstiges – an einen dafür geeigneten Ort.

Ich habe Ihnen Saturn auch als inneren Kritiker beschrieben, deshalb bekommen

Sie noch eine Übung, die sich einfach anhört, in der Umsetzung bisweilen schwerfällt, doch jede Menge Erkenntnisse bringt. Sie können diese Übung beliebig ausdehnen. Vorerst gilt es, für drei Tage …

* nicht zu jammern,
* nicht zu kritisieren,
* nichts zu beurteilen.

Kein Problem? Lassen Sie sich überraschen. Sie werden merken, dass viele Gespräche nur daraus bestehen. Ihre Kommunikation wird sich schlagartig verändern.

Nicht jammern, nicht kritisieren und nicht beurteilen gilt übrigens auch für innere Monologe. Auch hier sind fantastische Erkenntnisse möglich. Sie lernen Ihren inneren Kritiker genauer kennen und können sich mit ihm anfreunden, mit ihm kommunizieren und, falls erwünscht, ihn sogar verändern.

Diese Übung bedeutet nicht, dass Sie die Tage in stetigem Lächeln verbringen werden (wobei dies sicherlich nicht das Schlechteste ist). Ihr Denken und Ihre Wahrnehmung werden sich verändern. Zusammen mit der vorherigen Übung, dem Dank an die Ahnen, werden Sie einige Wunder erleben. Ihnen wird anderes begegnen als sonst!

SONNE UND URANUS – ANDERS SEIN UND IDENTITÄTSVERLUST

Als der Planet Uranus entdeckt wurde, stand die wissenschaftliche Welt Kopf. Er brachte einige Betrachtungen des Planetenhimmels durcheinander und wurde symbolisch mit den danach folgenden Revolutionen und diversen Zusammenbrüchen von Monarchien in Verbindung gebracht.

Die Überschrift verrät bereits einiges, was Uranus in Verbindung zur Persönlichkeit mit sich bringen kann. Uranus beziehungsweise Uranos ist in der griechischen Mythologie der Himmel in Göttergestalt. Mit Uranos kam das männliche Element in die Welt, er zählt zu den ältesten Göttern und ist der Erstgeborene der Gaia, der großen Mutter. Seine Nachfahren und Kinder waren ihm egal, er hatte keine Beziehung zu ihnen und ließ sie immer wieder verbannen. Dennoch gelang es schließlich Kronos (Saturn), ihn zu entmannen.

Uranus stellt in der astrologischen Deutung vieles auf den Kopf. Bisweilen leben wir mit diesem Bündnis immer wieder das Gegenteil dessen, was andere leben. Dennoch treiben wir eher weg von uns, weil wir nur das Gegenteil leben. Aus diesem Andersmachen oder Dagegensein kann sich die Persönlichkeit zu einem Pionier entwickeln oder aber wenig bis gar keine Bodenhaftung finden, geschweige denn zur eigenen Persönlichkeit.

Der in jungen Jahren eher schmerzliche Punkt der Andersartigkeit fordert Menschen mit dieser Konstellation tatsächlich permanent heraus. Sonne und Uranus haben eine starke Kraft, sich und das Leben ständig neu zu erfinden. Uranus ist ein Symbol für den Himmel in Göttergestalt, und so merken Menschen bei diesem Bündnis, dass Besonderes in ihnen schlummert. Hier prallen der Wunsch nach Individualität und die Ablehnung gegen ebendiese aufeinander.

Mit Sonne-Uranus im Horoskop gilt es, sich selbst ständig neu zu erfinden. Der Zugang zur Gefühlswelt ist durch einen starken Intellekt und ein stark geistiges Prinzip geprägt. Die Welt wird erklärbar und entmystifiziert. Sonne-Uranus ist die Persönlichkeit im Cyberspace, der Avatar, der die Qualitäten und Ressourcen der in diesem Zeichen geborenen Persönlichkeit auf den Kopf stellt. Ein schönes Beispiel ist die Achtundsechzigergeneration, in der sich Uranus und Pluto im Zeichen Jungfrau aufhielten. Jungfrau wird im astrologischen System unter anderem dem Gesundheitssystem und dem funktionierenden Alltag zugeordnet. Wenn Sie heute eine Umfrage unter Astrologen, Heilpraktikern und Therapeuten aller Couleur durchführen würden, wären Sie erstaunt über den Anteil von Jungfrauen, die in dieser Zeit geboren wurden. Die Alternativmedizin fand durch diese Generation einen Aufschwung und sie rüttelte an der Arzthörigkeit. Die Alltagsordnung mit allen dazugehörenden Institutionen wurde außerdem reformiert durch Kinderläden, freie Schulen oder Hausgemeinschaften. Vielleicht haben Sie nun eine Idee von Sonne-Uranus und können sich das Bündnis besser vorstellen?

SONNE UND URANUS — ANDERS SEIN UND IDENTITÄTSVERLUST

Sonne-Uranus entfaltet die Kraft am wirkungsvollsten in der Gemeinschaft. Gleichgesinnte zu finden ist beim »Anderssein« nicht immer leicht. Das Hindernis besteht in der eigenen Entfremdung und im Prinzip »Geist über Materie«. Im inneren System, bei dem jeder Planet einen Persönlichkeitsanteil darstellt, ist Uranus derjenige, der dagegen ist, der innere Revolutionär.

In dem Wort »Revolution« steckt jedoch auch Evolution. Sonne-Uranus strebt nach Bewusstsein. Uranus wird übrigens auch das Interesse an Astrologie zugeordnet, an der Wissenschaft, die als solche nicht anerkannt ist. Da es einer Sonne-Uranus-Persönlichkeit nicht nur ums eigene Bewusstsein geht, strebt sie nach kollektivem Bewusstsein. Das wird unsere Übung sein.

SONNE-URANUS-ÜBUNG

Uranus verführt uns dazu, sehr unterschiedliche Seiten miteinander zu verbinden, zum Beispiel Spiritualität mit Wissenschaft. Bei meinen Recherchen ist mir immer wieder aufgefallen, dass sich Menschen aus unterschiedlichsten Bereichen in ihrer Betrachtung der Welt, des Seins, der Spiritualität und Wissenschaft an gewissen Punkten treffen und übereinstimmen.

Unsere Übung ist eine Schnittmenge aus Frequenzheilung und schamanischer Meditation, die sich letztlich auch mit Frequenz beschäftigt. Dazu eine kleine Erklärung: Wir sind von einem Erdmagnetfeld umgeben. Wir beeinflussen mit unseren Gedanken und Gefühlen dieses Feld und andersherum. Das heißt, sobald wir geistige Übungen praktizieren, können wir das globale Bewusstsein verändern. Und je stärker wir dranbleiben und je mehr Menschen dies tun, desto stärker sind die Auswirkungen. In diesem Fall die positiven.

Die nachfolgende Übung ist lediglich ein kleiner Einstieg zum Thema Frequenzen. Sie dauert etwa 10 bis 15 Minuten.

* Stellen Sie sich aufrecht hin, spüren Sie die Füße auf dem Boden. Fühlen Sie in Ihren Körper hinein und nehmen Sie bewusst einige Atemzüge.
* Scannen Sie Ihren Körper durch und lassen Sie zu, dass sich Frequenzen zeigen, indem Sie eine gewisse Schwingung und Spannung im Körper wahrnehmen. Sie können diese Schwingung auch ein wenig anregen, so als würde Ihre Wirbelsäule leicht schwingen.
* Stellen Sie sich zunächst bei einigen Atemzügen einen Ring – Ihren Fre-

quenzkörper – um sich herum vor, etwa eine Armlänge entfernt.

* Spüren Sie in Ihre Leisten, Ihr Steißbein und Kreuzbein. Gehen Sie tief in Ihren Beckenbereich und nehmen Sie ein paar Atemzüge.
* Nun gehen Sie mit Ihrer Aufmerksamkeit mehr in den Bauchbereich und zum Solarplexus und nehmen ein paar Atemzüge. Anschließend lassen Sie den Atem in der Aufmerksamkeit zwischen Leisten und Solarplexus schwingen.
* Gehen Sie nun zu Ihrem Brustbereich: Atmen Sie auch hier einige Male und spüren Sie hinein, wie sich das anfühlt. Dann verbinden Sie Solarplexus und Brustbereich mit Ihrer Atmung.
* Nun gehen Sie weiter hoch zu Ihrer Schaltzentrale, zum Kopf. Wieder einige Atemzüge hier, dann verbinden Sie Herz und Brustkorb mit dem Kopf.
* Zum Schluss verbinden Sie den Kopf mit Ihrem Unterleib.
* Nun stellen Sie sich über Ihrem Kopf ein Energiezentrum vor, eine Energiequelle – über Ihnen, aber noch im Frequenzring. Vom tiefsten Punkt, in sich versunken im Beckenbereich, strömen Sie mit Ihrer Aufmerksamkeit über die Schädelkrone hinaus in diese erste Stufe der Resonanz mit der Welt.
* Von hier aus wandern Sie eine Stufe höher und nehmen Kontakt zu dem weißen Licht in dieser Stufe auf. Verbinden Sie sich mit diesem Licht, indem Sie Ihren Atem und Ihre Aufmerksamkeit dort hinschicken.
* Weiter geht es in ein superweißes, fast schon gleißendes Licht noch eine Stufe höher. Verweilen Sie hier und verbinden Sie sich damit für mehrere Atemzüge.
* Nun gehen Sie mit all Ihrer Aufmerksamkeit in den unendlichen Raum, so weit, wie Ihre Hingabe reicht, ohne dass Sie sich unnötig anstrengen. Gleichzeitig halten Sie den Kontakt zu Ihrem Becken. Bleiben Sie in der Verbindung dieser Pole und finden Sie dann langsam Ihren Rhythmus.
* Gehen Sie in der gleichen Reihenfolge wieder zurück, bis Sie vollständig bei sich angekommen und bereit sind, wieder die Augen zu öffnen.

Wiederholen Sie diese Übung im Verlauf der nächsten Tage und Wochen öfter, lassen Sie sich überraschen.

SONNE UND NEPTUN – SCHÖNE HEIMLICHE WELT

Bei diesem Bündnis treffen zwei sehr unterschiedliche Energien aufeinander. Neptun gehört zum Zeichen Fische und hier endet unser Tierkreis. Sehen wir die Astrologie als komplexes System, in dem alles enthalten ist, was uns Menschen ausmacht, so lösen wir uns mit Neptun und Fische aus jeglichen Konzepten, Regeln, Systemen, Erklärungen, Analysen, Geist und Verstand. Wir begegnen dem Nichts. So als würden wir, nachdem wir das gesamte Universum aus einem Raumschiff heraus erkundet haben, aus ihm aussteigen und schweben, in der Unendlichkeit des Raums. Ohne Ende und Anfang.

Neptun bedeutet Auflösung. In der Verbindung zu Sonne, die nach Identität strebt, wird nun klar, dass es in diesem Fall um die Auflösung der gängigen Vorstellungen von Identität geht. Neptun demotiviert eher. Sonne-Neptun braucht ein Feld, das Neptun zugehörig scheint: die Poesie, Musik, Spiritualität. Sonne-Neptun kann dazu führen, dass diese Menschen nie wirklich in der Realität ankommen. Sie können sich mit allem und nichts identifizieren. Träumer und Illusionist leben in ihrer eigenen Welt. Es gibt wohl kaum eine andere Konjunktion, die die Betroffenen so sehr davon abhält, Ihre Identität zu finden. Gleich einem Bild, das im Regen liegt, sodass die Farben unentwegt in anderen Mischungen zusammenfinden, schwimmt dieser Mensch in seinem Leben. Was gibt solchen Menschen Halt und Ausrichtung? Brauchen sie dies überhaupt?

Planet Neptun bewegt sich sehr langsam. Somit sind es ganze Generationen, die, je nachdem, in welchem Zeichen sich Neptun befand, in einem Traumgebilde ihre Lebensreise antreten. Sonne-Neptun braucht ein musisches Leben, ein Leben, das der Kunst gewidmet ist, das sich in den Dienst für andere stellt. Ein Leben, das eine Egoauflösung gewährt und wo Identität keine Hauptrolle spielt.

Da ich mich selbst schon sehr lange in esoterischen Gefilden bewege, lege ich an dieser Stelle jedoch ein Veto ein. Denn bevor wir das sogenannte Ego auflösen können, müssen wir erst mal wissen, was Ego ist. Wo und wie es sich bei uns zeigt. Der allzeit bereite hilfsbereite Retter rettet nicht selten sich selbst. Wer sich zu stark mit einer Opferhaltung identifiziert, übt starken Druck und starke Macht auf andere aus. Andere werden automatisch zu Tätern.

Einer meiner besten Freunde sagte häufig zu mir, wenn ich ihn an altruistischen Gedankengängen teilnehmen ließ: »Alles, was du tust, tust du in erster Linie für dich selbst.« Ich widersprach ihm meist heftig, verteidigte das selbstlose Tun, bis mich meine Erfahrung eines Besseren belehrte. Zumindest in unseren kulturellen Breitengraden, in der die Individualität vor dem Gemeinschaftssinn angesiedelt ist, streben wir häufig nach einem persönlichen Benefit. Im Gegensatz zu den Menschen in vielen asiatischen Ländern.

Sonne strebt nach Identität und will strahlen. Sonne bedeutet Identität. Somit ist das Sonne-Neptun-Bündnis eine wirkliche Herausforderung und es führt kein Weg daran vorbei, sich zunächst in all seiner Hochsensibilität, mit allen Stärken, Sehnsüchten und Schwächen kennenzulernen, bevor man einen eventuell spirituellen Weg einschlägt. Der ist bei diesem Bündnis fast schon vorgegeben. Sonne-Neptun bringt eine starke Feinfühligkeit mit sich, bis hin zur Hellsichtigkeit. Sonne-Neptun braucht im Außen zunächst Orientierung, bis man sich blind bewegen kann. Schauen wir uns sogenannte erleuchtete Menschen an, so erzählen viele von ihnen von vorherigen starken Krisen, Kämpfen oder selbstzerstörerischen Verhaltensweisen. Wenn wir uns am liebsten auflösen würden, um wieder in der Ursuppe zu schwimmen, liegt es nahe, dies mit manchen Substanzen zu beschleunigen.

Die schönste Art, dieses Bündnis irdisch lebbar zu machen, ist das Eintauchen in die

> Wir alle haben einen Neptun im Horoskop, aber nur manche von uns mit Sonne in Verbindung, denn Neptun benötigt 164 Jahre, um den Tierkreis einmal zu durchwandern. Entsprechend seltener sind Sonne-Neptun-Bündnisse im Vergleich zu Sonne-Venus-, Sonne-Merkur- oder Sonne-Mars-Bündnissen.

eigenen Fantasiewelten, um diese anderen zur Verfügung zu stellen. Das gelingt als Künstler, Yogalehrer oder spiritueller Guide besonders gut. Dies geschieht allerdings erst dann, wenn der Spirit sich durch das Selbst entfaltet und nicht übers Ego.

SONNE-NEPTUN-ÜBUNG

Lassen Sie mich zunächst ein paar Schlüsselbegriffe für Sonne-Neptun zu Papier bringen: Kunst, Musik, Transzendenz, Spiritualität, Traum, Wunsch, Fantasie, Auflösung, Nichts, Verführung, Vernebelung, Bedingungslosigkeit, Egoauflösung, Selbst. Wie bringen wir dies unter in einer durchgetakteten Welt, ohne selbst unterzugehen in all den Forderungen der Wirklichkeit?

Sonne-Neptun fühlt sich wohl in der Kunst, und so besteht die erste Sonne-Neptun-Übung lediglich darin, einen Ausflug zum Laden für Künstlerbedarf zu unternehmen und all die Möglichkeiten, mit Farben und Formen umzugehen, anzuschauen. Verbinden Sie sich mit Ihrem inneren Künstler und Träumer (falls Ihnen der Zugang verwehrt ist, dann blättern Sie beim Zeichen Schütze nach) und suchen Sie sich das aus, was Sie als Kind eventuell nicht aussuchen durften.

Nehmen Sie sich einen freien Tag, einen Tag ohne Handy, ohne Termine, und widmen Sie sich Ihren Farben, Ihrem Ton oder dem, was Sie beim Künstlerbedarf am meisten ansprach. Legen Sie sich Ihre Lieblingsmusik auf und fallen Sie aus der Zeit, dem Raum, in die Unendlichkeit Ihrer Kreativität. Vielleicht unterstützen Sie das noch, indem Sie das essen, was Sie als Kind am liebsten mochten. Unser Gedächtnis für Geschmackserlebnisse hilft uns beim Erinnern und beim Aufstöbern einiger Persönlichkeitsanteile. Wichtig: Setzen Sie sich kein Ziel, lassen Sie keine Kritik zu!

Vielleicht gibt es einen Lieblingsmenschen, der all dies gern mit Ihnen teilt. Dann teilen Sie es, denn Sonne-Neptun bedeutet auch: Wir verbinden uns und verschmelzen mit anderen. Der innigste Moment, der exzellente Moment, der Moment, wenn wir mit der Unendlichkeit in Verbindung kommen.

AUM ODER OM, ALS GESANG MIT HÖCHSTER FREQUENZ

Die zweite Übung ist für all jene, die der Musik aufgeschlossen sind.

Wie ich bereits beim Sonne-Uranus-Bündnis beschrieben habe, sind wir in ständiger Schwingung. Zumindest senden Herz und Gehirn Frequenzen. Wie wäre es, den ganzen Körper in einen Resonanzkörper zu verwandeln? Dies geschieht, wenn wir singen. Haben Sie bemerkt, wie glücklich das Trällern von Lieblingssongs macht?

Finden Sie eine bequeme Position im Sitzen oder Stehen. Schließen Sie die Augen, lassen Sie den Atem fließen. Sobald eine gewisse innere Ruhe einkehrt, atmen Sie normal ein und aus der Körpermitte heraus tönen Sie das Om oder Aum. Nicht zu laut und nicht zu leise. Harmonisch. Singen Sie es noch ein paarmal und öffnen Sie anschließend wieder Ihre Augen. Spüren Sie nun ganz bewusst in sich hinein.

SONNE UND PLUTO – IDENTITÄT UND INTENSITÄT

Sonne-Pluto ist eine machtvolle Konjunktion. Hier sagt die Metapher des Eisbergs am meisten aus: Pluto ist das Symbol für das Unbewusste, nicht nur unser eigenes, sondern das kollektive. Während Sonne strahlt und Identität schafft, inklusive Bewusstsein darüber, wer wir sind, erzeugt Pluto die starke Identifikation mit dem Schatten. Solange diese Pole den Menschen mit dieser Konstellation nicht bewusst sind und sie ihre ungewöhnliche Kraft wahllos einsetzen, kann diese Kombination sie kraftvoll in die Welt der eigenen Schatten stürzen. Sonne-Pluto bringt die Konfrontation mit unseren Schattenseiten, die wir alle haben. Allerdings neigen wir dazu, unseren Schatten auf andere zu projizieren, ganz besonders in Partnerschaften.

Die Vita einer Sonne-Pluto-Persönlichkeit ist meist durch eine starke Projektionskraft von anderen beeinflusst. Wir übernehmen zum Beispiel die Vorstellung eines Elternteils und treten an seiner Stelle die Umsetzung an. Sonne-Pluto ist das Synonym für Projektion. Es sind die anderen, die dies, das oder jenes anders machen müssten, damit alles besser, anders oder gut wird. Sie sind schuld. Mit Sonne-Pluto treten wir unsere Reise in diesem Leben so an, dass wir den Schatten anderer anziehen können. Wer therapeutisch arbeitet, kennt das Phänomen der Übertragung. Wir sind Herrscher im eigenen Bereich des Unterbewusstseins und können, sofern wir uns dieser Aufgabe zur Identitätsbildung stellen, sehr genau andere Menschen lesen mit all ihren Projektionsmechanismen.

Sonne-Pluto wohnt ein unglaublicher Schaffensdrang inne. Instinktiv wissen diese Menschen, dass ihr Wille geschieht. So ist es eine ihrer großen Lernaufgaben, mit dieser Gabe achtsam und respektvoll umzugehen. Sonne-Pluto neigt zum Extrem, zur Meisterschaft und Genialität in mindestens einem Lebensbereich. Doch je mehr wir hier forcieren, desto größer ist die Wahrscheinlichkeit, etwas zu übersehen und blinde Flecken zu ignorieren. Das Sonne-Pluto-Bündnis fordert zur Achtsamkeit heraus. Wir müssen uns mit unserem Schatten auseinandersetzen, mit der Familiengeschichte, mit den Botschaften des Vaters und der anderen männlichen Ahnen, mit dem Thema Schuld. Wir müssen die Sündenbock-Theorie kennenlernen, um wirklich bei uns anzukommen und bei der ungeheuren Kraft, die wir mitbekommen haben. Das ist ein fortlaufender Prozess: Sonne-Pluto bedeutet Identität im Wandel. Nicht selten erleben diese Menschen einen bis mehrere extreme Identitätswechsel, die jedoch nicht auf Fehlidentifikation oder Orientierungslosigkeit beruhen, sondern auf Überzeugung. Sonne-Pluto holt das Letzte aus uns heraus, was mitunter das Beste sein kann.

SONNE-PLUTO-ÜBUNG

Bei dieser Übung handelt es sich um Schattenintegration. Wenn das gut klappt, benötigen wir im günstigsten Fall weder Schuldige noch Sündenböcke im Außen. Erinnern Sie sich an die Resonanz, die unsere Schwingung und Frequenz im Außen erzeugt? Meiner Erfahrung nach ist niemand frei von Schattenthemen. Wir sind jedoch von klein auf gewohnt, das unter den Tisch fallen zu lassen, was unsere Eltern, Erzieher, Vorgesetzte, Partner nicht mögen. Es sind aber Anteile, die zu uns gehören und die uns irgendwann im Leben fehlen. Genau das kann uns als Schatten im Außen begegnen.

Schauen Sie sich das Bild des Eisbergs eine Weile an und betrachten Sie nun all Ihr Sein – Ihre Identität, Ihre Familie, Ihre

BUNTE IDENTITÄTEN

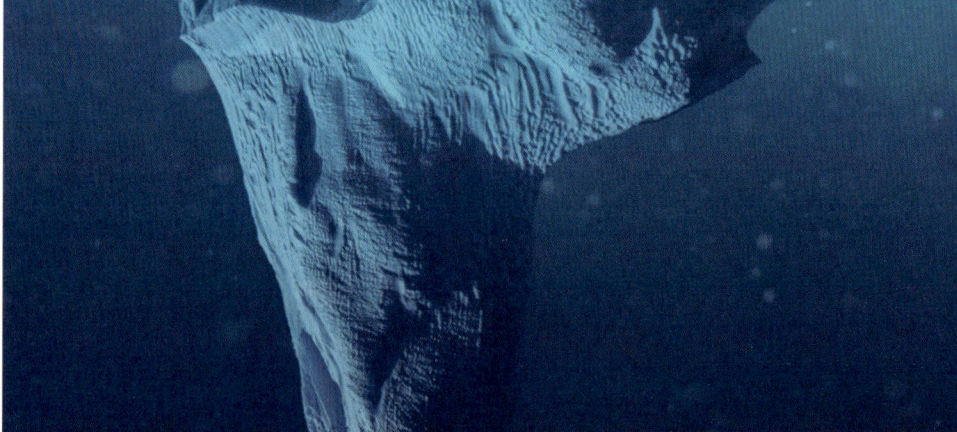

Partnerschaft, Ihren Beruf, Ihr bewusstes Hiersein – als all das, was aus dem Wasser herausragt.

Dann konzentrieren Sie sich auf all das, was unterhalb des Wassers liegt. Das ist unser Unterbewusstsein mit allem, was wir gern verdrängen, nicht wahrhaben wollen, verneinen – all die Eigenschaften und Fähigkeiten, die wir zu einem Schattendasein verdammt haben. Betrachten Sie das Bild als Symbol für das kleine Ich und den großen Schatten.

Ich möchte nun, dass Sie sich ein Bild von einem Eisberg auf eine große Pappe aufkleben oder zeichnen. Die Spitze des Eisbergs ist relativ klein im Vergleich zu dem, was darunterliegt. Sie brauchen auf jeden Fall Platz, um mit diesem Bild von nun an zu arbeiten. Ihre bewussten Anteile und Stärken, also all das, was Sie an sich mögen und auch leben, schreiben Sie bitte auf die Fläche oberhalb des Wassers. Lassen Sie das Bild einen Tag lang ruhen.

Um Ihren Schatten oder zumindest Teile davon zu integrieren, gilt es, in den kommenden Tagen sehr genau darauf zu achten, was Sie an anderen so richtig blöd finden, was Sie an anderen nervt, an anderen kritisieren. Jedes Mal, wenn Sie etwas feststellen, schreiben Sie es auf: Ein Kollege, der sich durchsetzt; eine Freundin, die ihre Tage gern faul verbringt; Ihr Partner, dem seine Sportverabredung heilig ist … Benennen Sie diese Eigenschaft mit einem Wort: Durchsetzung, Faulheit, Hobbys leben. Es kann auch schärfer formuliert sein: Intoleranz, Narzissmus, Aggressivität, Selbstbezogenheit, Sicherheitsstreben, Luxusleben …

All das gehört nun auf die untere Seite. Und wenn sich dort einiges angesammelt hat, dann nehmen Sie sich Zeit für sich und erinnern Sie sich daran, wann Sie das letzte Mal faul waren, sich Zeit für sich genommen haben, sich durchgesetzt haben …

Sehen Sie jeden Ihrer Kritikpunkte bei sich selbst und ich verspreche Ihnen: Sie werden sie finden, die Schatten, all das ausgegrenzte Zeug in sich. Versuchen Sie, diese Anteile Ihres Selbst zu sehen, um wieder freier von unbewussten Projektionen zu werden.

DER ASZENDENT – DER KOSMISCHE ASSISTENT

DER ASZENDENT – DER KOSMISCHE ASSISTENT

WIE GEHE ICH RAUS IN DIE WELT?

Es erstaunt und erfreut mich, dass immer mehr Menschen ihren Aszendenten kennen. Häufig sprechen Menschen auch vom Assistenten, weil ihnen der Begriff »Aszendent« fremd ist. »Assistent« ist zwar nicht Astrologensprache, aber durchaus akzeptabel, denn das Wort passt in dem Zusammenhang. Schließlich ist unser Aszendent das Sichtbare, was wir der Welt preisgeben. Je nachdem, welche Kombination zustande kommt, »verträgt« sich der Aszendent beziehungsweise Assistent besser oder schlechter mit unserem Sonnenzeichen.

Bisweilen identifizieren sich Menschen mit ihrem Aszendenten viel mehr als mit dem Sternzeichen – ganz besonders dann, wenn der Aszendent ein besseres Ansehen genießt als das Sternzeichen. Das ist bei den Feuer-Aszendenten Widder, Löwe oder Schütze oft der Fall. In meinem privaten Umfeld mache ich meine Freunde mit Feuer-Aszendenten ab und an freundlich darauf aufmerksam, dass sie nicht Löwe sind, sondern beispielsweise Krebs. Denn wenn unser Sonnenzeichen im Hintergrund darben muss, befinden wir uns meist nicht in gutem Kontakt zu uns selbst.

Übrigens: Keiner nimmt es mir übel, wenn ich bisweilen den Wegweiser für andere spiele. Einer der Vorteile, Astrologin zu sein, bedeutet eine gewisse Narrenfreiheit, was Denkanstöße betrifft. Tatsächlich schaue ich aus einer anderen Perspektive, denn das Horoskop bietet großen Einblick in den inneren Bauplan eines Menschen. Außerdem hat jeder ein offenes Ohr, wenn es sich um ihn dreht, um seine Persönlichkeit, das weckt immer die Neugier und fördert die Offenheit dafür.

Den Aszendenten herauszufinden, ist in unseren Breitengraden recht einfach: Sie müssen lediglich beim zuständigen Standesamt, das Ihre Geburt vermerkte, nach der Uhrzeit Ihrer Geburt fragen. Manche Ämter erheben dafür eine Gebühr, doch deren Auskunft ist wesentlich zuverlässiger als die Aussage Ihrer Mutter. Schließlich befinden sich Mütter während der Geburt in einem außergewöhnlichen Zustand, sodass die Uhrzeit meist verschwommen wahrgenommen wird. Sobald Sie Ihre Geburtsuhrzeit haben, können Sie auf diversen Internetseiten kostenlos den Aszendenten errechnen lassen.

Mit der genauen Uhrzeit und dem damit auftauchenden Aszendenten ergibt sich nun ein sehr individuelles Horoskop, weil die Häuser des Horoskops sichtbar werden und damit auch unsere Lebensbühnen (siehe ab Seite 11). Mit dem Aszendenten treten wir auf die Lebensbühne, wir werden bei der Geburt eigenständige Materie. Bei einem Vortrag beschrieb ich den Aszendenten deswegen mit einem Wort: Körper. Der Aszendent gibt ebenso Auskunft über den Geburtsverlauf, das gilt ganz besonders für die Planeten in der Nähe des Aszendenten. Außerdem beschreibt der Aszendent auch, was wir einbringen in die Familie, in die wir hineingeboren werden.

Der Aszendent zeigt das Zeichen, das zum Zeitpunkt der Geburt im Osten aufging. Wir können den Aszendenten daher auch als Eintrittspforte in die Welt beschreiben. Aber das bleibt auch im weiteren Leben so, denn unser Aszendent beschreibt auch, wie wir in der Welt unterwegs sind und dementsprechend wahrgenommen werden. Er umreißt unsere Physis und unser Erscheinungsbild. Gleichzeitig ist er auch einer unserer Wahrnehmungsfilter, gleich einer Brille, mit der wir die Welt betrachten.

C. G. Jung prägte den Begriff »Persona«, griechisch für »Maske«. Als Maske würde ich den Aszendenten keineswegs bezeichnen. Dennoch trainieren wir uns im Laufe unseres Lebens einiges ab und an, sodass unsere Impulse, unser Agieren und Reagieren, unser Auftreten verändert werden, wir uns verändern. Unsere Konditionierungen spielen dabei eine wichtige Rolle, das soziale Gefüge, in das wir hineingeboren werden, das Umfeld, die kulturellen und gesellschaftlich-politischen Bedingungen prägen uns.

Unser Elternhaus nimmt großen Einfluss auf uns, die Geschichte der Familie, systemische Bedingungen und so weiter. Es mag sein, dass wir uns aufgrund verschiedener Reaktionsmuster im Umfeld dementsprechend ausrichten, um Zuspruch, Liebe, Anerkennung und Wohlwollen zu ernten – zumindest bis zur Pubertät. Die Phasen der Rebellion bedeuten jedoch häufig auch nur, dass wir das Gegenteil dessen tun, was wir vorher taten. Individuell, ausbalanciert und wahrhaftig ist das nicht unbedingt.

Wenn wir beim Bild des bunten Zusammenspiels der in uns wohnenden verschiedenen Persönlichkeitsanteile bleiben, ist der Aszendent unser Conférencier. Die Tür geht auf, der Bühnenvorhang wird zurückgezogen, und wer ist zu sehen? Unser Aszendent. C. G. Jungs erwähnte Persona beschreibt jene Seite der Persönlichkeit, die der sozialen Umwelt zugewandt ist. Sie ist in allen Situationen sichtbar, in denen wir uns zeigen. Der Schweizer Psychiater und Begründer der analytischen Psychologie war allerdings auch der Ansicht, dass wir Menschen, meist unbewusst, durch unsere Persona all das zeigen, was wir als gut und vorteilhaft bewerten. Dem gegenüber befindet sich seiner Betrachtungsweise nach, als Gegenspieler und Gegensatz, der sogenannte Schatten. Das ist jener Anteil, den wir vor uns und anderen verstecken, die dunklen und unbewussten Seiten.

Schlagen wir die Brücke zur Astrologie, kann es sich hier ähnlich zeigen. Dem Aszendenten gegenüber befindet sich der Deszendent, das Oppositionszeichen (Widder/Waage, Stier/Skorpion, Zwillinge/Schütze, Krebs/Steinbock, Löwe/Wassermann, Jungfrau/Fische). Gleichzeitig ist der Deszendent der Beginn des siebten Hauses. Der Ort der Begegnung, ein Teil unseres Partnerbildes, was uns anzieht, wem wir, wenn auch häufig unbewusst, gern die Türen öffnen.

Je nachdem, welches Zeichen und welcher Planet sich am Deszendenten befinden, lernen wir diesen Teil zunächst als Zusammenspiel mit anderen Menschen kennen. In vielen Astrologiebüchern wird der Deszendent auch als Projektionsfläche beschrieben. Gehen wir davon aus, dass der sogenannte Schatten, wie C. G. Jung ihn nennt, ebenfalls eine Projektion verdrängter Wesensanteile ist, findet sich hier eine Analogie.

SCHATTEN – NICHTS SCHLECHTES!

Schatten bedeutet: Wir sind uns dieser Anteile nicht bewusst. Das heißt jedoch nicht, dass ein Schatten negativ zu verstehen ist. Wir alle haben unbewusste Seiten, es gehört zum Menschsein dazu. Umso besser, wenn wir sie durch andere Menschen kennenlernen und dann vielleicht auch in unsere Persönlichkeit integrieren können.

Aus astrologischer Sicht sehe ich den Deszendenten und das siebte Haus, das sogenannte Beziehungshaus, weniger problematisch. Hier beschreibt das Horoskop unsere Spielfläche, das siebte Haus als Bühne, auf der wir durch andere lernen. »Lernen am Modell« ist die Überschrift des Deszendenten. Unsere Begegnungsfläche gleicht dann einem Entwicklungsland, inklusive Entwicklungshelfer in Form von Menschen, die uns begegnen und diese Eigenschaften repräsentieren. Planeten, die sich dort tummeln, brauchen die Begegnung, um entwickelt zu werden. Menschen brauchen Menschen, und zwar real. Das Digitale ersetzt dies nur bedingt, weil wir hier viel weniger Wahrnehmungsmöglichkeiten haben und uns auch anders darstellen als im direkten Kontakt. Aszendent ist das, was wir aussenden, der Deszendent sozusagen jenes, was »reinkommt«. Nun zurück zum Aszendenten.

ASZENDENT UND WAS NACH AUSSEN ZU SEHEN IST

Inzwischen gibt es Unzähliges auf dem Markt der Menschenkunde, wie wir anhand des Aussehens, der Gestik und der Mimik Menschen »lesen« können. Es gibt umfangreiches Material zu Augen, Mund, Nase, Gesichtsform, um den Charakter eines Menschen schon äußerlich erfassen zu können. Die Neugier, Gesichter zu lesen, reicht bis ins 3. Jahrhundert v. Chr. zurück. Ein Buch buddhistisch orientierter Inder stellte bereits verschiedene Menschentypen vor. Auch in der Antike beschäftigten sich Menschen mit Physiognomie. So zum Beispiel der Arzt Galenos von Pergamon, einer der bedeutendsten Ärzte des Altertums (um 130–um 200). Seine Lehre beherrschte 1500 Jahre lang die gesamte Heilkunde! Er las unter anderem aus den Gesichtern Charakter und Krankheiten der Menschen ab. Einige seiner Schriften wurden allerdings von Ghostwritern verfasst – und einige seiner Ansichten lassen mir die Haare zu Berge stehen.

Hippokrates war ebenfalls einer der Pioniere auf diesem Gebiet. Er beschäftigte sich intensiv mit der Persönlichkeitstypologie in Verbindung zu Gesundheit und Krankheit, und das schon 400 v. Chr. Er verband die verschiedenen Temperamente mit den Elementen und dem entsprechenden Aussehen. An diesen »Typen« – Phlegmatiker, Choleriker, Sanguiniker, Melancholiker – ist bis heute etwas dran. Hier sind nur Männer zu sehen, doch sobald Sie sich diese vier unterschiedlichen Gesichter eingeprägt haben, können Sie, egal ob in der U-Bahn, im Restaurant oder im Konzert, feststellen, dass sich dieses Modell der Temperamente auch heute noch wiederfindet. Werden Sie zur guten Beobachterin, und schon wird jede Warteschlange interessanter!

Ein anderer wichtiger Aspekt in Sachen »Zeig mir, wie du aussiehst, und ich sag dir, wer du bist« ist die Sache mit den Elementen. Hippokrates ordnete, je nach Aussehen, die Elemente zu. Danach erkannte er, was jemand zur Gesundung braucht, was ihm fehlt, welche Disbalance unter den Elementen besteht.

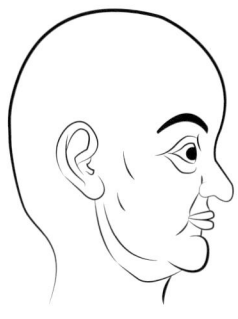
Phlegmaticus

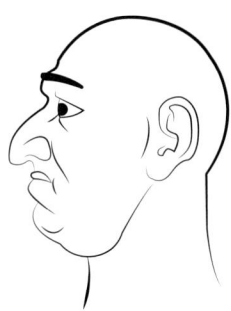
Cholericus

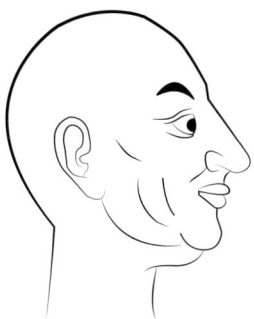
Sanguincus

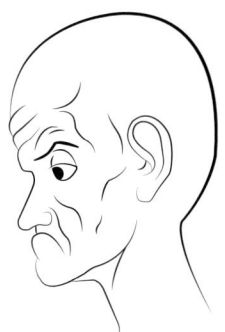
Melancholicus

Uns geht es in diesem Buch jedoch mehr um Temperamente, in erster Linie um unser eigenes. Bewusstwerdung über uns selbst verändert gleichzeitig unser Umfeld. Der Aszendent trägt die Überschrift »Hier bin ich«. Er steht für das, was wir nach außen zeigen.

Das Aussehen als Erkenntnisgewinn

Wenn wir Menschen »erkunden«, geht es meiner Ansicht nach keineswegs darum, sie sofort in irgendwelche Schubladen zu stecken. Sondern es geht darum, ihre Vielseitigkeit zu erforschen, die eigene Beobachtungsgabe zu verfeinern und dadurch seine Erkenntnisse zu erweitern. Erkenntnisse sind jedoch veränderlich.

> **ES GEHT UM ERKENNTNIS**
> Mein Credo ist: Menschenkunde, so auch die Astrologie, darf niemals zu einer Abwertung oder Stigmatisierung von Menschen führen! Wir wollen durch die Betrachtung des Äußeren Neues erfahren, nicht be- oder gar verurteilen.

Wenn Sie im nächsten Abschnitt über die verschiedenen Aszendententypen Neues erfahren, nutzen Sie dies bitte zunächst für Ihren Aszendenten und auch nur mit Vorsicht für den Aszendenten der Ihnen nahestehenden Menschen. Fangen Sie an, Gesichter zu studieren, Gestik, Mimik. Ihre Achtsamkeit wird dadurch ein erstaunliches Wachstum erfahren. Im Laufe eines Lebens verändern wir uns. Das hat zum einen mit unserem fortschreitenden Alter zu tun, zum anderen mit all dem, was uns widerfährt und seinen Abdruck hinterlässt. Astrologisch betrachtet verändern bestimmte Übergänge von Planeten auf Aszendenten und persönlichen Planeten (Sonne, Mond, Merkur, Venus und Mars) ebenso unser Auftreten und Aussehen.

Unsere Physiognomie, unser Auftreten geht in Resonanz zum Umfeld und steht somit in direktem Zusammenhang zu dem, was wir bekommen. Unser Aszendent gleicht, selbst wenn wir für unser Aussehen familiäre Vorgaben haben, einem Entwicklungsweg. Wir können, wie an allen anderen Persönlichkeitsanteilen, arbeiten, entdecken, erneuern, das Beste oder das Letzte aus uns herausholen. Der jetzige Trend, mittels Operationen unter anderem das eigene Gesicht zu verändern, verhindert selbstverständlich einiges, was wir sonst herauslesen könnten.

Da ich aus astrologischer Sicht davon ausgehe, dass wir uns am Ende einer Phase des Individualismus befinden und die Gemeinschaft in den Vordergrund rücken wird, könnte dies auch zu einer Veränderung der Selbstbezogenheit und Darstellungsoptimierung führen. Und: Was bleibt von meiner Individualität übrig, wenn ich sie in die Norm des Angesagten einpasse?

DER UNTERSCHIED VON ASZENDENT UND SONNENZEICHEN

In diesem Buch geht es in erster Linie um unsere Identität, unser Selbst und darum, unsere innere Matrix, unseren Lebensbauplan, zum Ausdruck zu bringen und auszuleben. Es gibt Attribute, mit denen wir uns eher identifizieren, sogenannte gute Eigenschaften, die wir an uns selbst mögen und andere Menschen auch. Es gibt auch Merkmale, die wir selbst an uns schätzen, die vom Umfeld jedoch als störend empfunden werden. Außerdem existieren auch Eigenarten, die andere gar nicht wahrnehmen können, die wir bewusst verbergen, sowie Qualitäten, die andere wahrnehmen, obwohl sie uns selbst nicht bewusst sind. Und natürlich schlummert jede Menge Unbewusstes in uns, das darauf wartet, entdeckt zu werden. Astrologie ist ein wundervolles Mittel, um Verborgenes ans Licht zu befördern. Astrologie, produktiv interpretiert, kann uns wichtige Hinweise zur Selbsterkenntnis und Identitätsfindung geben.

Gut bei sich zu sein und dementsprechend auch zu handeln, zu denken und

---

ASZENDENT ODER STERNZEICHEN: WER IST WICHTIGER?

Viele Menschen sagen, dass in der zweiten Hälfte des Lebens der Aszendent wichtiger wäre als das Sternzeichen. Und in der besagten zweiten Hälfte – wann fängt die eigentlich an? – unser Sonnenzeichen (sogenanntes Sternzeichen) nicht mehr so wichtig ist. Dem widerspreche ich regelmäßig. Bei Kinderhoroskopen werden zum Beispiel zunächst nur der Mond, die Mondknoten und der Aszendent gedeutet. Der Aszendent ist ja nichts, was wir langsam entwickeln, der Aszendent sind wir in dem Moment, wenn wir geboren werden. Die Sonne ist ein Entwicklungsweg, das Ichbewusstsein, Zentrum unseres Selbst. Deswegen ist sie sicherlich nichts, was irgendwann unwichtig wird.

DER ASZENDENT – DER KOSMISCHE ASSISTENT

zu sprechen, kann manchmal etwas unbequem für uns und andere sein. Unser Aszendent fordert von uns, zu sein, was wir sind, schließlich stehen wir hier im Spotlight unserer Lebensbühne. Übereinstimmend mit dem, wer wir sind. Anhand eines Horoskops haben wir die Möglichkeit, uns selbst näherzukommen und noch mehr zu denen zu werden, die wir wirklich sind.

Der Aszendent ist das direkte Auftreten eines Menschen, und die Sonne, also das Sonnen- oder Sternzeichen, ist der Kernpunkt der Identität. Es kommt zwischen beiden zu zahlreichen unterschiedlichen Kombinationen. Darunter gibt es auch einige Herausforderungen, auf die ich im nächsten Kapitel näher eingehen werde.

Manchmal stehen sich Sonne und Aszendent im Weg, zumindest auf den ersten Blick. Doch sobald wir davon ausgehen, dass das, was sich in unserem Horoskop befindet, genau für dieses Leben richtig ist, können wir die spannungsreichen Kombinationen anders annehmen. Jede Verknüpfung hat ihren Reiz! Selbst wenn es phasenweise holprig oder herausfordernd ist.

KURZBESCHREIBUNG DER ASZENDENTEN

Sie finden bei den Beschreibungen der unterschiedlichen Aszendenten deren einzelne Erscheinungsbilder, wie wir sie erkennen, das, was nerven kann, welche Stärke der Aszendent mit sich bringen kann, was diesen Aszendenten so sympathisch macht, was der eigentliche Job dieses Aszendenten ist sowie seinen Entwicklungsweg. Außerdem ein paar Hinweise zum äußeren Erscheinungsbild.

Bei diesen Ausführungen handelt es sich um meine Beobachtungen der letzten 30 Jahre. Ein Schmunzeln darf dabei nicht fehlen, denn wie oben bereits erwähnt gibt es natürlich auch Seiten, die wir nicht gern zeigen oder die zum Teil nicht gut ankommen, wenn wir sie doch zeigen. Doch sie gehören nun einmal auch zu uns.

Außerdem gibt es bei den folgenden Beschreibungen auch einen kleinen Hinweis darauf, was wir als Spiegel (Deszendent) rufen, und zwar im Begegnungsfeld, im siebten Haus. Dabei handelt es sich um jede Beziehung zu anderen, nicht nur um Liebesbeziehungen. Schließlich sind auch Freunde, Kollegen und andere Menschen wichtig für uns.

Widder-Aszendent – Power pur

Wir befinden uns am Anfang des Tierkreises, ein Widder-Aszendent ist somit goldrichtig. Das verleiht diesen Menschen eine große Kraft und sie sind fast immer zur richtigen Zeit am richtigen Ort.

Widder-Aszendenten folgen dem Impuls und Impulse gibt es unentwegt. Widder-Aszendenten haben Biss, brauchen die Bewegung und wollen initiieren. Ihre Schnelligkeit ist auffällig, eine gewisse Lautstärke kommt bei diesem Aszendenten hinzu. Mars ist der Treiber dieses Aszendenten und verleiht dem Menschen viel Mut, Engagement und Einsatz, der sofort zur Verfügung steht.

Positive Grundzüge

Widder ist in der Lage, sehr schnell zu handeln, was sicherlich auch mit seinem Mut zu tun hat, den er gern einsetzt beziehungsweise sogar unbedingt einsetzen will. Seine direkte Art lässt kein strategisches Handeln zu und seine Ehrlichkeit erfrischt. Dabei hat er viel Witz und Humor. Durch sein meist körperlich-sportives Auftreten bringt er Schwung mit, motiviert andere und packt die Dinge an.

Das nervt

Je nachdem, welchen Mars dieser Widder-Aszendent mitbringt, ist es nicht leicht, mit diesem Energiebündel ruhig und entspannt zu sein. Durch seine direkte Art ist seine Ausdrucksweise manchmal überstürzt und lässt dem Gegenüber wenig Interaktionsfläche. Sein Aktionismus kann die chilligste Runde in Aufruhr versetzen. Ein Widder-Aszendent provoziert außerdem schnell Streit, ohne dass es ihm bewusst ist. Widder-Aszendenten erhalten sich das Impulsive eines Kindes und preschen los. Teilweise bewirkt diese Art eher das Gefühl, im Ring oder in Konkurrenz zu stehen. Seine Art kann ruppig sein, aggressiv wirken und Konflikte produzieren, wo keine sind.

Entwicklungsweg

Widder-Aszendenten müssen lernen, ihre Gabe, Impulse zu geben, gezielt einzusetzen, sonst verpufft vieles im luftleeren Raum und sie brennen dabei aus. Geduld ist nicht unbedingt die Stärke dieses Aszendententyps, deshalb besteht häufig die Gefahr, das Interesse zu verlieren, selbst wenn sie auf einer für sich passenden Lebensbühne stehen. Eine ruhige Kugel wird hier nicht geschoben, sondern eher gezündet.

Der Entwicklungsweg beginnt, wenn Widder sich besser kennenlernt, einsieht, dass es nicht an den anderen, sondern eher an seinem eigenen Verhalten liegt, wenn Unruhe und Unzufriedenheit aufkommen. Widder braucht die »Versuch und Irrtum«-Funktion, allerdings nicht über Jahrzehnte hinweg. Sondern nur so lange, bis das für ihn richtige Aktivitätsfeld gefunden ist, in dem seine Impulse aufgenommen und weitergesponnen werden. Der Entwicklungsweg beinhaltet auch, Dinge, die angekurbelt wurden, anderen zu überlassen. Widder muss zu seiner Autonomie stehen, ohne dass diese anderen schadet. Eine der Lernaufgaben ist es außerdem, auch in der Ruhe Kraft schöpfen zu können.

KURZBESCHREIBUNG DER ASZENDENTEN

Woran wir diesen Aszendenten erkennen

Durch die Schnelligkeit eines Widder-Aszendenten geht viel zu Bruch. Widder-Aszendenten können nicht leise sein, selbst wenn sie es wollen. Sobald Sie sich dafür anstrengen, reißen sie nebenbei ein Glas vom Tisch, das sie übersehen haben, oder die Tür knallt zu… Widder haben meist ein lautes, waches und kraftvolles Auftreten. Da sie die Bewegung lieben, finden sich hier häufig sehr muskulöse und trainierte Sportskanonen. Widder-Aszendenten sehen meist jünger aus, als sie sind, etwas Markantes schmückt ihr Gesicht. Das Energische kann sich zum Beispiel in Form eines vorstehenden Kinns, buschiger Augenbrauen, breiter Nase zeigen. Ihr fordernder Blick scheint auch ohne Worte zu fragen: Was geht?

Neben einem Widder-Aszendenten geht man entweder mit und nimmt diese Kraft als Animation oder man fühlt sich wie eine Schlaftablette oder man geht in die Konkurrenz.

Der Aszendent und seine Resonanz

Dem Widder gegenüber liegt das Zeichen Waage. »Krieg und Frieden« wird diese Tierkreisachse auch manchmal genannt. Widder-Aszendenten verfügen über ein hohes Energiepotenzial und stehen auf Eroberungen jeglicher Art, auch auf ganz brachiale Weise. Seine Sehnsucht, symbolisiert vom Deszendenten, geht hin zu Menschen, die für Ausgleich sorgen, etwas Sanftmütiges und Beschwichtigendes mitbringen, um in die Balance zu führen.

Die Ästhetik und Objektivität von Waage ziehen Widder-Aszendenten unbewusst an, wenn bei ihnen mal wieder eine Sicherung durchbrennt. Waage am Deszendenten steht außerdem für einen ausgesprochen starken Partnerschaftswunsch, um dem Einzelgängertum einen Rückhalt zu bieten. Menschen, die sich nicht provozieren lassen, sondern etwas Friedvolles und Relativierendes mitbringen, passen gut zu Widder-Aszendenten und wirken ausgleichend.

Stier-Aszendent – immer mit der Ruhe

Ein Stier-Aszendent hat die Ruhe weg, denn genau in der Ruhe liegt ja bekanntlich die Kraft. Diese Kraft steht ihm auch nur mit der Ruhe als Basis zur Verfügung, aus Hektik entwickelt sie sich bei ihm schlecht.

Stier-Aszendenten, grundlegend friedliebend, traben ins Leben, sind auf der Suche nach Genuss und halten Ausschau nach dem Schönen im Leben, allerdings ohne einen extrem hohen Anspruch. Der gute Nebeneffekt davon: Das Schöne mehrt sich, wenn die Messlatte nicht so gewaltig hoch hängt.

Stier-Aszendenten nehmen das Leben ganz besonders mit den olfaktorischen und gustatorischen Sinnen auf und folgen diesen instinktiv.

Ein Stier-Aszendent strahlt Sicherheit und Beständigkeit aus, braucht ein bisschen länger, um sich wohlzufühlen, kann Meister darin sein, die Dinge so anzunehmen, wie sie sind. Je nachdem, in welchen Zeichen sich die Venus, zugehörig zum Stier-Aszendenten, befindet, bringt sich der Stier ganz besonders dauerhaft ein und zeigt größte Verlässlichkeit.

Positive Grundzüge

Ein Stier-Aszendent strahlt Ruhe aus und bringt sein Umfeld in kürzester Zeit nur durch sein Dasein in einen guten Zustand. Seine Ruhe und körperliche Präsenz geben anderen das Gefühl von Sicherheit, um Situationen meistern zu können und überstürztes Handeln zu vermeiden. Stier-Aszendenten gehen, ohne aufdringlich zu wirken, sehr behutsam und warm in Kontakt und bleiben an einmal gewählten Gangarten beständig dran. Meistens bringen sie dafür auch das mit, was gemocht wird, sei es ihre dauerhafte Freundlichkeit oder ihre Ausstrahlung von Zeit, die Hektik vermeidet und dank des Erdelements dennoch Belastbarkeit und Kontinuität mitbringt. Ihr guter Zugang zu allem Körperlichen verleiht ihnen etwas Reizvolles und fördert die Kontaktaufnahme und das Vertrauen. Ein Stier folgt gern seiner Lust, wenn es Aussicht auf ihre Erfüllung gibt.

Das nervt

Kehren wir die positiven Grundzüge um, so resultiert daraus auch das Gegenteil und wir finden ein Gewohnheitstier, das nur schwer von einmal als angenehm empfundenen Handlungen wegkommt. Mit anderen Worten: Die Flexibilität ist nicht besonders groß, weil an festen Mustern bisweilen sehr rigide festgehalten wird. Trotz ihrer Belastbarkeit sind Stier-Aszendenten vom eigenen Weg nur schwer abzubringen, sodass spontanes und vor allem schnelles Agieren fast unmöglich wird.

Die eigentlich angenehme Ruhe kann in manchen Situationen vollkommen unpassend sein und sehr quirlig-lebendige Lebenssituationen runterdimmen und blockieren. Veränderungen werden nicht begrüßt, nur nach langer Anlaufphase und einem Benefit sinnlicher Art. Reisen mit einem Stier-Aszendenten wird zum Beispiel zur kulinarischen Rundreise, in der Kulturelles wenig Anklang findet. Stier-Aszendenten können sehr beharrlich immer den gemütlichsten Weg gehen.

Entwicklungsweg

Die Gabe von Stier, beständig zu sein und dabei ein beachtliches Durchhaltevermögen an den Tag zu legen, kommt vielen Prozessen zugute. Dennoch lohnt es sich auch immer wieder, feste Gewohnheiten aufzugeben und neue zu entwickeln. Der Entwicklungsweg von Stier-Aszendenten benötigt die Bereitschaft loszulassen, wenn es an der Zeit ist – was ihnen allerdings selten so erscheint. Stier-Aszendenten bringen etwas Gutmütiges mit, das mitunter voll ausgenutzt wird. Ein Stier-Aszendent muss auf seinem Weg lernen, nicht alles auszusitzen, sondern auch zu handeln und Nein zu sagen. Tatsächlich gibt es unter Stier-Aszendenten auch jene, die von vornherein alles ablehnen, aufgrund einer gewissen Bequemlichkeit und der Angst vor Veränderung. Doch einmal angelaufen, gleichen sie Dauerbrennern, die nur schwer von ihren Gewohnheiten abzubringen sind. Es ist wichtig für diese Aszendententypen, die Vielfalt und die Herangehensweise anderer zu akzeptieren und zuzulassen.

Woran wir diesen Aszendenten erkennen

Stier-Aszendenten sind durch einen sehr eigenen Stil erkennbar, der dauerhaft ist. Sie legen großen Wert auf diesen eigenen Stil, der allerdings auch immer durch Gemütlichkeit gekennzeichnet ist. Doch nicht nur das: Dadurch, dass sie ihre Welt gern durch die Nase wahrnehmen, kann man einen Stier-Aszendenten oft an seinem unverwechselbaren Geruch erkennen, dem guten natürlich – eben ein eigener, mit dem sie ihren Platz in der Welt sichern, ihre Marke hinterlassen –, und den sie auch selten wechseln! Meist finden wir sehr ausgeprägte Münder, volle Lippen, rundum entspannte Gesichtszüge und, selbst wenn sie schlank sind, etwas Üppiges im Auftreten. Da astromedizinisch unter anderem der Hals mit all seinen Organen dazugehört, haben Stier-Aszendenten meist eine angenehme und beruhigende Stimme und Tonlage. Wir erkennen sie auch daran, dass sie gern in Körperkontakt gehen.

Der Aszendent und seine Resonanz

Dem Stier gegenüberliegend befindet sich das Zeichen Skorpion. Mit »Bewahren und loslassen« können wir diese Tierkreisachse benennen. Das, was ein Stier-Aszendent fortlaufend tut, mit Ruhe und Beständigkeit, wird von einem Skorpion-Deszendenten hinterfragt und zeitweise untergraben. Beide Zeichen lieben die Passion und alles Leidenschaftliche. Die Tiefe, die der Deszendent nun fordert, jagt dem Stier-Aszendenten jedoch einen gewissen Schrecken ein. Nicht selten werden Menschen angezogen, die ihn genau aus jener Sicherheit rausbefördern, die ihm wichtig ist, und die ihn zugleich emotional tief bewegen.

Ihre eigenen Stier-Gewohnheiten führen manchmal zu einem gewissen Trott, der ihnen selber langweilig werden kann. Der Skorpion am Deszendenten zieht jedoch Menschen an, die eine zwingende Unterbrechung allen Trotts mit sich bringen, mit Abhängigkeitsmustern konfrontieren und den Gleichmut radikal ins Schwanken bringen. Skorpion am Deszendenten bringt die Stiere so lange aus der Balance, bis sie Tiefe und Veränderung zulassen. Aus Ewigkeitsanspruch wird das Gewahrwerden der Vergänglichkeit.

Zwillinge-Aszendent – Neugier auf die Schnelle

Der Verhaltenskodex dieses Aszendenten lässt sich schwer fassen, denn die Vielseitigkeit dieser Aszendententypen ist grenzenlos. Sie nehmen die Welt mit dem Verstand und dem Geist wahr: je mehr Informationen fließen, desto besser. Diese

Beweglichkeit funkt jedoch nicht nur durch den Geist, sondern auch durch den Körper. Zwillinge-Aszendenten lieben das Reisen, geistig und körperlich, und lernen gern dazu. Dies bewahrt ihnen eine erfrischende Jugendlichkeit, die sie auch pflegen. Sie machen einen Bogen um Gewohnheiten und sind schlagfertig.

Zwillinge-Aszendenten gleichen wandelnden Informationsbörsen, wissen zu fast jedem Thema etwas zu sagen. Manchmal verwundert es, wann und wie sie sich dieses Wissen angeeignet haben. Sie sind Meistertänzer auf verschiedenen Hochzeiten und lieben alles rund um Kommunikation und Austausch. Obwohl sie nicht Everybody's Darling sind, können sie mit jedem zumindest ins Gespräch kommen und nehmen die Welt vor allem durch Worte und Geräusche wahr.

Positive Grundzüge

Zwillinge-Aszendenten sind charmant und humorvoll, was ihnen viele Türen öffnet. Sie können das in Worte fassen, was beim anderen noch in irgendwelchen Überlegungen festhängt, und kommen sehr schnell auf den Punkt. Festlegungen sind nicht ihre Stärke, denn Meinungen ändern sich schnell, Fakten werden erweitert, neue Erkenntnisse sind nie in Stein gemeißelt. Dank ihres Wortwitzes wissen sie, wann ein Einfall ankommt und die Pointe gesetzt werden kann. Ihre Gabe der Leichtigkeit kann festgefahrene Situationen auflockern und anderen neue Perspektiven öffnen. Auch körperlich strahlen sie eine gewisse Lockerheit aus, die vor allem durch ihre schnelle Beweglichkeit positiv aufs Umfeld einwirkt. Zwillinge-Aszendenten bringen andere in Bewegung und sind sehr unterhaltsam.

Das nervt

Zwillinge-Aszendenten fällt es schwer, längere Zeit bei einem Thema zu bleiben, sie springen und verursachen dadurch zeitweise große Unruhe und Verwirrtheit, nicht jeder kann ihnen folgen. Sie neigen dazu, vorschnell aus bestimmten Themen auszusteigen, weil es ihnen zu langatmig oder langweilig wird. Und Langeweile ist der Killer dieser Aszendententypen, dranbleiben oder vertiefen ist dadurch erschwert. Zwillinge-Aszendenten stellen viele Fragen, erzählen auch gern, doch das aufmerksame Zuhören kommt manchmal zu kurz. Schuld daran ist ein galoppierender Geist, der fortwährend neue Ideen kreiert, die eine Festlegung erschweren. Das ist jedoch zum Umsetzen mancher Pläne wichtig. Die Sprachgewandtheit dieser Aszendenten kann bei manchem Gegenüber Sprachlosigkeit bewirken. Und kostbare Pausen werden verplaudert.

Entwicklungsweg

Zum guten Reden – das können Zwillinge-Aszendenten sicherlich – gehört das gute Zuhören. Das ist ein altes Gesetz, jedoch sehr wahr. Zwillinge-Aszendenten brauchen Tools, um ihren Geist in die Ruhe zu führen, um also nichts zu denken. Nur dann kann sich all das geistige »Futter« in Humus verwandeln. Ansonsten resultiert daraus unkonzentriertes Verhalten, Fahrigkeit und Hektik. Das Talent der Sprache und Kommunikation braucht eine Schulung, um in der Lage zu sein, sich ab und an in Wissensgebiete zu vertiefen. Andernfalls bleibt von dem reichhaltigen Schatz der künstlerischen Talente, der verbalen Virtuosität wenig haften. Und das wäre sehr schade!

Zwillinge-Aszendenten müssen sich auch körperlich bewegen und ein Ventil für ihre geistige Überaktivität schaffen. Es ist wichtig für ihr Wohlbefinden, das Tempo anderer zu akzeptieren und die eigene Flexibilität nicht überzustrapazieren.

Woran wir diesen Aszendenten erkennen

Wach, witzig und etwas schlaksig kommen sie daher, diese Aszendenten. Ihr Stil ist nicht festgelegt, außer dass sie im gleichen Outfit Arbeit, Party oder Theater besuchen können. Sie sind die »Casual«-Typen des Tierkreises. Auffällig ist ihre Gestik, weil sie meistens kaum stillstehen können, mit Händen gestikulieren, unterm Tisch wippen und relativ schnell und viel sprechen. Dazu passt ihre Gabe, mit Alt und Jung, Hinz und Kunz zu flirten. Sie besitzen Charme, der sehr willkommen ist.

Sie erscheinen frisch, auch wenn ihr Schlaf zu kurz kam, auf gewisse Art und Weise auch alterslos, weil sie meist sportlich sind. Ihre Mimik ist vielfältig und es gibt bestimmte, meist sehr eigene sprachliche Ausdrücke oder erfundene Lieblingsworte, die einem nachhaltig in Erinnerung bleiben. Sie wirken interessiert und doch flüchtig, hinterlassen eine frische Brise und wecken die Lust auf mehr. Oder man ist erleichtert, diese Plaudertaschen wieder los zu sein.

Der Aszendent und seine Resonanz

Dem Zwillinge-Zeichen gegenüberliegend ist das Zeichen Schütze. »Wissen und Weisheit« wird diese Achse genannt. Was bei Zwillinge an Neugier und Information rausgeht, will vom Gegenüber, dem Deszendenten, in ein größeres Ganzes gekleidet werden, mit der nötigen Übersicht. Ein Zwillinge-Aszendent sucht unbewusst Menschen, die ihm bei der Sortierung seines Gedankensalats weiterhelfen können, Menschen, die Nachdenkpausen bewirken, Einsicht und Erkenntnis bringen, Menschen, die Zwillinge verstummen und zum guten Zuhörer werden lassen.

Sie lieben die Verbindung mit Profis, um etwas dazuzulernen. Sie lieben Menschen mit Intellekt und Wissen, jedoch nur, wenn diese sie nicht zu belehren oder einzuengen versuchen, dann würden Zwillinge-Aszendenten erneut flüchtig.

Krebs-Aszendent – Gefühl pur

Krebs-Aszendenten fließen, wie alle Wasserelemente, in ihr Umfeld ein. Zurückhaltend, fühlend, bringen sie sich selbst ins Umfeld ein. Sie sind eher aufnehmend als abgebend und nehmen sehr feinfühlig jede Atmosphäre wahr. Krebs-Aszendenten gleichen Gefühlsantennen, die sie dann auch, zumindest in vertrauter Atmosphäre, zum Ausdruck bringen, sprachlich, mit einer Geste oder einer fragenden Mimik. Ähnlich einer Mondlandschaft, die das Licht der Sonne aufnimmt, nimmt Krebs-Aszendent die Gefühlslandschaft wahr und wird gleichzeitig von ihr beeinflusst. Er spürt sofort, wer was braucht. Dementsprechend übernimmt er oft die Fürsorge für andere. Falls weitere feinfühlige Menschen anwesend sind, wird jeder Krebs-Aszendent erfreut sein, wenn es ihm jemand gleichtut. Denn eine gewisse Bedürftigkeit kennzeichnet ihn.

Krebs-Aszendenten wissen manchmal besser, wie es anderen geht, als diese selber. Allerdings bleibt bei ihnen vieles aufgrund des eher zurückhaltenden Charakters verdeckt.

Positive Grundzüge

Krebs-Aszendenten bringen eine warme Emotionalität mit, die es anderen erleichtert, Verhaltenskorsetts aufzubrechen. Sie haben den sogenannten siebten Sinn, eine weiche Intuition, der sie allerdings selber manchmal nicht über den Weg trauen. Das Grundwesen ist lunar und bisweilen launisch, doch eher auf eine freundliche Atmosphäre bedacht. Ohne Störung gleiten diese Menschen ins Geschehen, egal ob Teamsitzung oder Plenarsaal. Sie bringen eine feine, geduldige Art mit, die es anderen erlaubt, im Vordergrund zu stehen. Ihre Zurückhaltung ist häufig Unsicherheit, doch meist beruht sie auf dem Interesse an anderen Menschen. Krebs-Aszendenten folgen dem emotionalen Impuls und drücken ihr Gefühlswesen auch ohne Worte aus.

Das nervt

So sensibel, wie sie auf ihr Umfeld reagieren, wünschen sie es umgekehrt auch für sich. Falls sich ihre Laune und Emotionalität in Schräglage befindet, ist dies kaum zu übersehen. Und ein Krebs-Aszendent ist immer mit irgendwelchen Gefühlslagen beschäftigt, über die er mit Vertrauten dann auch gern ausgiebig spricht. Hier handelt es sich häufig um weitergesponnene Gefühlsszenarien, die das Gegenüber in Gefühlsachterbahnen verfrachtet, denen es kaum folgen kann. Falls sich dieser Aszendent seinen Gefühlen vollends hingibt, entsteht oft Leiden, ganz besonders dann, wenn negative Erlebnisse die Vergangenheit beschatteten. Krebs-Aszendent wandert zwischen den Zeiten und das Hier und Jetzt wird manchmal neblig.

Entwicklungsweg

Hier ist es wichtig, einerseits die eigenen Gefühle und Launen wahrzunehmen und zu respektieren, andererseits den Verstand und Geist dabei nicht vollkommen zu vergessen. Rationalität fällt Krebs-Aszendenten schwer. Doch dieses Gegengewicht braucht es zum Ausgleich, damit sie konzentrationsfähig sind und bleiben. Krebs-Aszendent muss lernen, fremde von eigenen Gefühlen zu unterscheiden, und genau auswählen, in welchem Umfeld er sich aufhält. Zudem ist es wichtig, das, was um ihn herum passiert, nicht ständig auf sich zu beziehen.

Woran wir diesen Aszendenten erkennen

Gut erkennbar ist Krebs an einer meist runden, weichen Gesichtsform. Krebs-Aszendenten behalten etwas sehr Kindliches und sind schnell beeindruckbar. Ganz besonders von Dingen, die sie emotional bewegen. Umrahmt von einer Schüchternheit, verblüffen sie doch immer wieder, weil sie sehr genau erkennen können, was in anderen vorgeht. Ihre Körperbewegungen sind eher langsam und weich.

Neben den weichen, runden Gesichtsformen gibt es auch noch Rundes am Körper, nicht unbedingt in Form des Gewichts, doch irgendein Babyspeck hält sich sehr lange, meist bis zum Saturn-Return, etwa 28 bis 30 Jahre.

Der Aszendent und seine Resonanz

Das gegenüberliegende Zeichen von Krebs ist Steinbock. Wir können diese Tierkreisachse »Rationalität versus Emotionalität« nennen. Die Klarheit, die dem Krebs aufgrund mannigfacher unterschiedlichster Gefühlszustände häufig abhandenkommen kann, bringt nun der Steinbock am Deszendenten. Das Begegnungshaus Steinbock gleicht einer Prüfzentrale, in der sich reife und verlässliche Menschen tummeln können. Allerdings prüft auch der Krebs-Aszendent lange, wen er an sein empfindsames Wesen ranlässt. Nicht selten fühlen sich Krebs-Aszendenten damit überfordert, Entscheidungen zu treffen, obwohl es sich um sehr starke Persönlichkeiten handelt. Sie trauen sich selber nicht ganz über den Weg, wenn die emotionale Farbe der inneren Landschaft ständig wechselt. Steinbock als Deszendent ruft Menschen, die Struktur und etwas Erwachsenes mit sich bringen, doch vor allem unumstößliche Zuverlässigkeit – damit diese langsamen Fühlwesen behutsam aus ihrer Verschalung herausfinden.

Löwe-Aszendent – immer im Mittelpunkt

Bezeichnend für den Löwe-Aszendenten ist es, dass er keinen Verhaltenskodex hat: Er lebt sich aus und mit seinem strahlenden Wesen stößt er dabei meist auf Zuspruch und Beifall. Erinnern wir uns: Im Zeichen Löwe ist die Sonne am stärksten, ein Löwe-Aszendent bringt eine große Portion Selbstbewusstsein mit. So oder so, zieht er die Aufmerksamkeit schnell auf sich, ohne zwingend etwas dafür zu tun. Hier wirkt die Schöpferkraft von allein, zeitgleich identifiziert sich derjenige liebend gern mit seinem Aszendenten und meist weniger mit seiner Sonne.

Löwe-Aszendent liebt es, im Mittelpunkt zu stehen, dafür muss er nicht zur Rampensau werden, sondern seine schillernd anmutende Persönlichkeit und Lebenskraft zieht von allein Aufmerksamkeit auf sich. Er will sich leben.

Positive Grundzüge

Gleich allen anderen Feuer-Aszendenten hat Löwe-Aszendent etwas Mitreißendes. Seine Lebenslust wirkt ansteckend und kann andere darin bestärken, es ihm gleichzutun. Auf Partys kann dieser Aszendententyp dafür sorgen, dass endlich getanzt wird, die Unterhaltungen in Gang kommen und gelacht wird. Seine auffallende Persönlichkeit und sein selbstsicheres Auftreten bringen es mit sich, dass andere ihm gern die Führung überlassen. So ist er auch in Teams willkommen, ganz besonders im künstlerischen Bereich. Er ist ein kompetenter Coach, wenn es darum geht, einen guten Auftritt hinzulegen. Er zerstreut in Sekundenschnelle Zögerliches und zoomt den Fokus auf das Wichtige, die Identität.

Das nervt

Zwar ist Löwe meist ganz von allein im Vordergrund, allerdings kann dies bei anderen ein Zurücknehmen bewirken und irgendwann für Frust sorgen, weil es ausschließlich um die Person mit Löwe-Aszendenten geht. Es fällt ihm sehr schwer, etwas zurückzutreten, gern reißt er Themen an sich, übernimmt das Wort, kann sehr dominant sein und zeitweise sogar narzisstische Züge aufweisen. Ganz besonders dann, wenn er keine Bühne für einen Auftritt hat. Die braucht er, den großen Spielplatz, um sich wohlzufühlen: Er badet gern in der Bewunderung anderer.

Entwicklungsweg

Löwe-Aszendenten sind nicht die ungestümen Impulsgeber wie Widder-Aszendenten. Doch sie folgen dem Lustprinzip. Dies

ist in manchen Phasen des Lebens eher schwierig umzusetzen: Dann braucht es die innere Arbeit an der eigenen Haltung, um aus dem, was sie tun, Lust zu gewinnen, anstatt bei jeglichen unangenehmen Pflichten zu lamentieren, sie zu verdrängen oder zu denken, etwas Besseres verdient zu haben. Löwe-Aszendenten geraten schnell in eine ausgeprägte Selbstbezogenheit, bei der andere übersehen werden. Dies gilt es auf dem Entwicklungsweg zu ändern und somit die Loyalität und Souveränität einer starken Persönlichkeit zu entwickeln. Selbst wenn sie meinen, so, wie sie sind, vollkommen zu sein, werden sie authentischer, wenn die eigene Egokraft ab und zu einer Selbstreflexion unterzogen wird.

Woran wir diesen Aszendenten erkennen

Löwe-Aszendenten erkennen wir vor allem an auffällig strahlenden Augen, zeitweise an einer Löwenmähne und daran, dass sie uns in einer Menschenmenge als Erstes ins Auge stechen. Häufig finden sich hier auch hochgewachsene Menschen, meist mit aufrechter, stolzer Haltung. Tatsächlich habe ich bei Löwe-Aszendenten, vor allem bei Männern, auch das Tier Löwe in der Physis sehen können, zum Beispiel eine Löwenmähne, katzenartige Züge, auch etwas geschmeidig Warmes. Sie sind charmant und schnell fühlt man sich von ihnen sehr angezogen. Ein Löwe-Aszendent ist in der Begegnung ein Künstler der Pausen, seine Bewegungen haben etwas fast Tänzerisches, sein Stil ist auffallend, graue Maus und normal gibt es hier nicht. Meistens lieben sie Kopfbedeckungen jeglicher Art.

Der Aszendent und seine Resonanz

Dem Löwe-Aszendenten gegenüberliegend ist das Zeichen Wassermann. Es stehen sich also Egobewusstsein und Gruppenbewusstsein gegenüber. Unbewusst gesucht werden Menschen, die sehr flexibel reagieren können, dem Löwe-Aszendenten sein Alleinstellungsmerkmal nicht streitig machen, doch ihn in die Gruppe von Individuen zu integrieren wissen. Löwe-Aszendent kann durch seine bisweilen dominante und sehr direkte Art, dem Lustprinzip sofort zu folgen, durchaus Menschen anziehen, die sich ihm anschließen. Doch auf Dauer sucht er Menschen, die unabhängig von ihm bleiben. Menschen, die es verstehen, das zu relativieren, was er für außergewöhnlich und einzigartig hält, ohne ihn dabei vom Thron zu stürzen.

Löwe-Aszendenten ziehen meist unbewusst die Outlaws an, Menschen, die ungewöhnliche Wege gehen und ihrer Zeit voraus sind. Und nicht zuletzt Menschen und Partner, die den Löwen aufgrund seiner stolzen Haltung, die ihn manchmal ins Einzelgängertum katapultiert, in die Gruppe und Zugehörigkeit zurückbringen.

Jungfrau-Aszendent – alles unter Kontrolle

Korrektheit ist eines der markanten Merkmale eines Jungfrau-Aszendenten. Er hat die Kontrolle über sein Aussehen und Auftreten und es liegt diesem Aszendententyp fern, besonders aufzufallen. Er hat ein analytisches Bewusstsein, gepaart mit einer bodenständigen Übersicht darüber, wie die Realität und ihre Erfordernisse sind. Der klare Blick nimmt alles wahr und lässt sich als Erdelement, im Gegensatz zu Wasser-Aszendenten, nicht beeindrucken. Der Job von Jungfrau, auch als Aszendent, ist der Check-up, ihre Haltung eher introvertiert, dafür aufrecht, noch dazu wach und gesund, weil die eigenen Ressourcen geschützt und bewahrt werden.

Positive Grundzüge

Jungfrau-Aszendenten zeigen eine schlichte Eleganz in der Art, wie sie sich zurückhalten können. Sie sind ausgesprochen gute Zuhörer und jedes Gegenüber fühlt sich bei diesem Aszendententyp eingeladen, zu erzählen, und stößt auf offene Ohren. Positiv ist außerdem ihr unaufdringliches Beruhigen einer jeden Situation, auf eine ganz angenehme nüchterne Art. Ihre Energie hat etwas Reinigendes und meistens sehr Gesundes.

Sie fordern wenig und bringen sich nicht ungefragt ein. Doch haben sie, wenn sie nach ihrer Meinung gefragt werden, meist die besten Vorschläge, was Verbesserungen angeht.

Es sind die geborenen Analytiker, die dementsprechende Aufgabenfelder brauchen. Sie räumen auf, vor allem in Arbeitsprozessen und seelischen Bereichen, jedoch auch körperlich im therapeutischen Sinn.

Das nervt

Solange ein Jungfrau-Aszendent das richtige Feld für sich findet, wo er seine analytischen, bewussten und klärenden Eingebungen einbringen kann, ist alles gut. Ansonsten können sich diese Aszendententypen zu extremen Kritikern entwickeln, weil sie der Perfektion entgegenstreben und diese schnörkellos verfolgen. Spaß kann dabei zu kurz kommen und ihr »Ja, aber« kann jeden kreativen Prozess zum Erliegen bringen. Falls sie sich selbst mit zu viel Anspruch ans Saubere und Übersichtliche überfordern, werden sie zu Nörglern und ziehen sich schnell aus allem Lebendigen, Chaotischen zurück. Hier kann der volle Terminkalender jeden spontanen Einfall ausradieren.

Entwicklungsweg

Jungfrau-Aszendenten müssen lernen, das eigene und auch das Leben anderer nicht unentwegt durchzutakten oder zu reflektieren, damit Raum fürs Entstehen und Entwickeln bleibt. Es tut ihnen zeitweise gut, nicht immer nur mit Planung und Durchführung beschäftigt zu sein, selbst wenn das zu ihren besonderen Stärken gehört. Ferner gilt es, den Blick auf das Positive zu behalten, um nicht permanent und überall auf Fehlersuche zu sein.

Ihre Zurückhaltung sollte nicht dazu führen, ständig für andere eingespannt zu werden und den eigenen Willen gänzlich unter den Tisch zu kehren. Anderen nützlich zu sein, mag sie befriedigen, doch jeder Mensch hat eigene Bedürfnisse, die ebenfalls wichtig sind. Jungfrau-Aszendenten können auf ihrem Entwicklungsweg lernen, diese Bedürfnisse anzuerkennen und zu leben.

Woran wir diesen Aszendenten erkennen

Jungfrauen sind daran zu erkennen, dass sie selbst nach einer durchzechten Nacht ausgeschlafen, frisch geduscht und ordentlich aussehen. Ich habe das bei meinen Freunden mit Jungfrau-Aszendenten immer sehr bewundert, vor allem dann, wenn ich mit einer »Augenringebrille« neben ihnen stand.

Jungfrau-Aszendenten haben einen sehr unaufdringlichen Stil, sie lieben Qualität, doch selten schrill oder auffällig. Eine elegante graue Maus, ob im Kostüm oder Anzug. Selbst das Parfüm ist kaum wahrzunehmen, hinterlässt nur im Nachhinein einen angenehmen Duft.

Ihre Zurückhaltung zeigt sich auch in der körperlichen Präsenz. Sie sind meistens weder zu dünn noch zu dick. Feine Gesichtszüge, manchmal ein etwas schmallippiger Mund, eher ein Denkertyp, dem man jedoch nicht auf den ersten Blick ansehen kann, was er gerade denkt.

Sie sind Meister der Tarnung und geben wenig von sich preis. Doch ihre korrekte Art, von der Begrüßung bis zur Verabschiedung, ist auffällig.

Der Aszendent und seine Resonanz

Dem Jungfrau-Aszendenten gegenüber befindet sich das Zeichen Fische. Als »Ordnung und Chaos« können wir diese Achse bezeichnen.

Leben passiert zeitweise nicht durch das, was wir planmäßig abarbeiten, sondern häufig dann, wenn wir Dinge geschehen lassen und uns dem Strom des Lebens hingeben. Danach sehnt sich ein Jungfrau-Aszendent. Zum einen können die

Menschen, die hier unbewusst ins Beziehungsfeld gerufen werden, den Jungfrau-Aszendenten zu einer noch strikteren Aufräumerin werden lassen, nun für noch eine Person mehr.

Doch die Kapazität dieses Aszendententypus ist begrenzt und somit lohnt es sich, dem Chaos nachzugeben, das durch jede Begegnung stattfinden kann, sich dem hinzugeben, von der eigenen Zwanghaftigkeit abzulassen, immer nützlich sein zu wollen. Jungfrau-Aszendenten sehnen sich unbewusst nach Menschen, mit denen sie loslassen können, mit denen sie Vertrauen lernen, um sich für Genuss und die Liebe mehr öffnen zu können.

Waage-Aszendent – Balance zählt

Der Verhaltenskodex eines Waage-Aszendenten ist es, Verbindungen zu schaffen, allerdings nicht nur verbal wie ein Zwillinge-Aszendent, sondern körperlich durch seine Präsenz. Dabei gibt er sich meist elegant, ausgestattet mit einem reizvollen Charme, der ungewollt Aufmerksamkeit auf sich zieht. Waage-Aszendenten schwingen sich auf andere ein, glänzen durch ihre objektive Art, die einer Einladungskarte zum Austausch gleicht. Charakteristisch ist auch ihr treffsicherer Stil: Sie liegen voll im Trend und Mode spielt bei ihrem Lifestyle eine nicht zu unterschätzende Rolle. Waage-Aszendent weiß, was Kleidung bewirkt, und setzt diese wirkungsvoll für sich ein. Waage-Aszendent bringt etwas sehr Freundliches und Positives mit.

Positive Grundzüge

Waage-Aszendenten glänzen durch ihre objektive und offene Art, sich vorbehaltlos auf Situationen einzulassen. Meist gut aussehend, wirken sie dennoch nicht eitel und spielen sich selten in den Vordergrund. Waage-Aszendenten bringen die Gabe der Deeskalation mit, sie bewirken Balance, ohne vehement zu werden. Ihre Ideen sind meist lösungsorientiert und somit bringen sie Vorschläge ein, auf die bisher niemand kam.

Sie zeigen sich offen für Kompromisse und behalten doch ihre eigene Gangart, selbst wenn sie sich anpassen ans Gegenüber. Vorurteilslos wägen sie ab und ermöglichen es somit anderen, sich ihnen anzuschließen oder etwas neu zu betrachten.

Das nervt

Aufgrund ihrer hohen Bereitschaft, Kompromisse herbeizuführen, können Waage-Aszendenten an Kontur verlieren und jegliche Konflikte vermeiden. Durch ihre Gabe, auf andere einzugehen, wirken sie bisweilen meinungslos, was zu einiger Verwirrung führen kann, wenn man auf ihre Klarheit und Objektivität gehofft hat. Ihr beschwichtigendes Talent lässt es selten zu, eine Streitkultur mit ihnen aufzubauen, die manche Themen mit sich bringen. Waage-Aszendenten sollten darauf achten, nicht nur gut auszusehen, um sich nicht im äußeren Schein zu verlieren.

Entwicklungsweg

Der Entwicklungsweg dieses Aszendententypus besteht darin, wirklich objektiv zu sein, auch wenn das, was sie vorfinden, nicht dem entspricht, was sie gern hätten. Sie müssen lernen, sich abzugrenzen und fremde Ansichten nicht immer zum Anlass zu nehmen, diese in Balance zu bringen. Das bedeutet auch, spannungsreiche Situationen authentisch zu meistern. Zur Entwicklung gehört ferner, nicht jeden Konflikt wegzulächeln und fortlaufend freundlich zu sein: Das würde einer Maske gleichkommen, die Wahrheit verhindert, nach der auch ein Waage-Aszendent strebt. Ein immer schönes Äußeres darf auch mal in Jogginghose herumlungern, ohne deshalb an Wert zu verlieren, auch das gehört dazu. Waage-Aszendenten sind dazu aufgerufen, den schönen Schein nicht mit dem Sein zu verwechseln.

Woran wir diesen Aszendenten erkennen

Auffällig bei diesem Aszendenten ist die meist sehr symmetrische Gesichtsform. Symmetrie wird in der Kunst und auch allgemein in unserer Welt in Bezug zur Schönheit gesetzt. Tatsächlich sind Menschen mit diesem Aszendenten meist sehr attraktiv. Nicht nur durch ihr ausbalanciertes Gesicht mit feinen Zügen, einem oft geschwungenen, ausgeprägten Mund und sehr femininen Zügen, sondern auch dadurch, als Ganzes einen harmonischen Eindruck zu erwecken. Man schaut sie gern an und nicht selten verkörpern sie, neben Fische-Aszendenten, ein gewisses Ideal von Schönheit.

Der Aszendent und seine Resonanz

Waage gegenüber liegt Widder. »Harmonie und Alleingang«, »Du- und Ichkräfte«, so könnte die Achse auch genannt werden.

Trotz ausgeprägtem Charme ruft die unantastbare Freundlichkeit der Waage-Aszendenten zeitweise genau das Gegenteil hervor. Manchmal treffen sie auf Menschen, die ihr unerschütterliches Lächeln eher aggressiv macht, vor allem dann, wenn sie selber nur selten etwas zu lachen haben.

Waage-Aszendenten werden häufig um ihr Aussehen, ihr Auftreten beneidet und rufen deshalb tatsächlich Konkurrenz auf ihre Lebensbühne oder Menschen, die für sie kämpfen. Widder im siebten Begegnungshaus bringt das mit sich. Hier werden unbewusst Helden und Heldinnen gesucht, die nicht abwägen, sondern drauflosgehen und ihre Kraft mutig zeigen, Menschen, die Konflikten nicht aus dem Weg gehen, sondern diese eher suchen. Waage-Aszendenten treffen so lange auf dieses Ungestüme, bis sie selbst lernen, nicht alles wegzulächeln, sondern sich mit unangenehmen Dingen zu konfrontieren.

Skorpion-Aszendent – einfühlsame Tiefe

Skorpion gehört zum Element Wasser und ist dementsprechend fühlend unterwegs. Im Gegensatz zu Krebs-Aszendenten, die sich fast kindlich naiv in Situationen einschwingen, ist der Skorpion-Aszendent ein Meister der Tarnung. Bewusst und unbewusst spürt er die Atmosphäre einer Situation, bringt sich ein, scannt sein Umfeld in Sekundenschnelle und weiß, wie es um die seelische Verfassung eines jeden steht, dem er begegnet. Skorpion-Aszendenten sind eher introvertiert, zeigen wenig von sich und wenn, dann auch nur sehr begrenzt. Ihr Auftreten hat etwas Durchdringendes und zeigt häufig sehr therapeutische Wirkung. Da andere schnell erkennen, dass man diesem Menschentypus wenig vormachen kann, bewirken Skorpion-Aszendenten, dass die Menschen im Umfeld bald ihre Masken fallen lassen.

Positive Grundzüge

Eine besondere Gabe dieser Aszendententypen ist ihr therapeutisches Naturtalent. Sie sind unerschrocken und sehr belastbar. Egal, was ihnen zu Ohren kommt, sie sind in der Lage, sehr aufmerksam zuzuhören. Auch mit der Seele und dem Herzen und immun jeglichen Tabus gegenüber. Sie verlassen sich weniger auf das gesprochene Wort als vielmehr auf ihren Instinkt. Zudem sind sie in der Lage, angenehm zurückhaltend, wissend und unnachgiebig zu agieren. Skorpion-Aszendenten schauen sofort hinter die Kulissen und tragen zu großen Erkenntnissen bei – sofern sie diese preisgeben.

Das nervt

Falls ein Mensch mit diesem Aszendenten weniger geschult ist und kaum in der Lage ist, zu relativieren, kann sein Auftreten auf unangenehme Art und Weise jede Runde in den Stimmungskeller hinabführen: Den Tiefgang, der mit ihnen unweigerlich stattfindet, hält nicht jeder aus. Und falls diese Meister der Tarnung ein wenig von sich preisgeben, entsteht häufig ein immenses Ungleichgewicht, auch ein Machtverhältnis, weil man im Gegensatz zu ihnen alles zeigt und Geheimnisse ausplaudert. Nicht selten fühlen sich andere dadurch nackt oder enttarnt und mit ihren Schwachstellen entblößt. Manchmal wirken Skorpion-Aszendenten geheimnisvoll und sehr resistent, wenn es um sie selbst geht.

Entwicklungsweg

Dieser Aszendententypus lockt aus anderen Menschen Geheimnisse heraus, ganz instinktiv, ohne es vorzuhaben. So erscheint die Welt von Skorpion-Aszendenten häufig hinterfragenswert, weil sie aufgrund ihrer tiefgründigen Art kaum auf der Oberfläche des Lebens surfen. Ihr Blick in die Welt braucht jedoch auch das jeweilige Annehmen dessen, was ist, ohne Tiefenanalyse und Hinterfragen. Ihr Entwicklungsweg besteht darin, sich beizeiten abzugrenzen, um nicht ständig zum Geheimnisträger zu werden. Außerdem ist es wichtig, dass diese Menschen etwas von sich preisgeben können, Vertraute haben, um nicht permanent in der Therapeutenrolle hängen zu bleiben.

Woran wir diesen Aszendenten erkennen

Gut erkennbar sind die Skorpion-Aszendenten an ihrer Kleidung – viele von ihnen tragen sehr gern Schwarz – und an ihrem Blick. Dieser Blick hält stand, hat etwas Durchdringendes und lässt einen nicht so schnell los. Sie fallen auf, weil sie eine unglaublich schnelle Beobachtungsgabe haben: Dinge, die man vor sich selbst versteckt, sehen sie auf den ersten Blick. Es gibt Skorpion-Aszendenten, die durch ihr tabuloses Auftreten regelrecht schocken. Sie ziehen an und stoßen ab, je nachdem, polarisieren, doch ziehen sie andere immer in ihren Bann, ausgestattet mit mindestens einem sehr erotischen Hingucker.

Der Aszendent und seine Resonanz

Dem Skorpion gegenüberliegend befindet sich Stier. »Intensität und Sein« können wir diese Achse auch nennen. Das, was dem Skorpion-Aszendenten an Tabus, scharfsinnigem Blick und Tiefe begegnet, möchte sich durch Stier im Begegnungshaus in Sicherheit wissen. Wir alle streben nach Sicherheit, um uns gut in der Welt bewegen zu können. Dem Skorpion-Aszendenten ist so etwas wie Urvertrauen nicht unbedingt in die Wiege gelegt und er kennt die Vergänglichkeit der Dinge. Umso mehr weiß er es zu schätzen, mit Menschen zusammen zu sein, die Ruhe und Verlässlichkeit mitbringen.

Schütze-Aszendent – Positivität und Wissen

Ein Schütze-Aszendent hat vor allem den Überblick und bewahrt die gute Laune, egal, was ist. Er repräsentiert das, was häufig über die Schütze-Geborenen gesagt wird: In ihrem Leben scheint es keine Probleme zu geben und falls doch, gibt es dafür eine Lösung. Grundsätzlich wirken Menschen mit diesem Aszendenten immer positiv, echt und weise. Sie sind ausgestattet mit einem großen Sinn für Gerechtigkeit und verfügen meist über ein reiches Repertoire an Lehren, Weisheiten und Philosophien, die in der Summe Alltägliches ausradieren und vieles von einer höheren Warte aus betrachten.

Positive Grundzüge

Als drittes Feuerzeichen verfügen Schütze-Aszendenten über eine sehr joviale Haltung, begegnen dem Leben sehr aufgeschlossen und bringen Charme und Humor mit. Positive Ausstrahlung bringen die meisten von ihnen mit. Sie lieben es, anderen etwas zu geben, zu unterrichten, etwas zu vermitteln, was für Weitsicht und Perspektive sorgt. Ihre »Alles kein Problem«-Ausstrahlung wirkt ansteckend. Schütze-Aszendenten eröffnen neue Räume, das Leben und die Welt zu betrachten. Außerdem kann man mit ihnen gut genießen. Ein Schütze-Aszendent lässt die banalsten Situationen großartig erscheinen.

Das nervt

Teilweise wirken diese Aszendenten überheblich. Die Lebensphilosophie kann hier, gleich einem Schutzschild, alles abprallen lassen, was das Leben an unterschiedlichen Gefühlen und Erfahrungen mit sich bringt. Schütze-Aszendenten stehen darüber und das schafft Distanz zu anderen. Man fühlt sich unweigerlich kleiner und hat das Gefühl, etwas unterentwickelt zu sein.

Die sonst positive Art, sein Wissen zu vermitteln, kann ebenso in Besserwisserei umschlagen, etwas Belehrendes bekommen. Dadurch wird ein lebendiger Austausch erschwert mit der Wirkung: Der Schütze-Aszendent weiß schon alles.

Entwicklungsweg

Hier ist es wichtig, neben der Position des Wissenden und Lehrenden, auch immer wieder Lernender zu sein. Ich habe viele Menschen mit diesem Aszendenten erlebt, die nichts von ihren Krisen nach außen hin zeigten, und stattdessen die Position hochhielten, für alles eine Lösung zu haben. Dies kann sie jedoch in noch tiefere Krisen stürzen. Deshalb gehört zum Entwicklungsweg des Schütze-Aszendenten, auch mal ratlos zu sein, etwas nicht zu wissen und mehr von sich preiszugeben. Er muss auch lernen, anderen zu vertrauen, ohne dass dies zu einem Absturz im Ansehen führt.

Woran wir diesen Aszendenten erkennen

Schütze-Aszendenten fallen auf. Ihr Auftreten bleibt nie unbemerkt, entweder durch einen vorzüglichen eigenen Stil oder durch einen gewissen Glanz, der sie umgibt. Sie ziehen die Aufmerksamkeit auf sich, ohne laut oder auffällig zu sein. Sobald Sie jemanden bewundern, kann es sehr gut sein, dass es sich um einen Schütze-Aszendenten handelt.

Meistens bringen diese Menschen eine stattliche Figur mit und strahlen souverän ihre Kompetenzen aus: Ein wissender Blick sagt alles. Ein Schütze-Aszendent lacht gern und viel, was man seinen Gesichtszügen ebenfalls ansieht. Bei Männern sind Rauschebärte beliebt, irgendwas Auffälliges fehlt ihnen selten.

Der Aszendent und seine Resonanz

Schütze gegenüber befindet sich Zwillinge. »Lehren und lernen« könnten wir diese Achse nennen. Schütze braucht, damit seine Wissensgebiete nicht gleich einem alten Bücherregal einstauben, den Austausch mit Menschen, die ständig Neues auf Lager haben.

Das siebte Haus, der Ort der Begegnung, lädt hier Menschen ein, die sich nicht so schnell beeindrucken lassen, die viele Fragen stellen, sich ungern festlegen und etwas Flexibles, Wechselhaftes mitbringen, um die Beweglichkeit des Alltagsphilosophen auf Trab zu halten.

Steinbock-Aszendent – erst die Pflicht

Steinbock symbolisiert Grenze und somit auch Abgrenzung. Der Verhaltenskodex eines Steinbock-Aszendenten ist von Korrektheit und Kompetenz getragen. Nicht introvertiert, doch zurückhaltend bewegen sich diese Typen durch die Welt, bereit, Verantwortung zu übernehmen, und auch alles, was damit verbunden ist. Es geht um Ordnung, die sich auch in seinem Auftreten zeigt. Diese Aszendenten bringen etwas Nüchternes mit, sind jedoch auffällig durch den Respekt, den sie in anderen auslösen. Der Humor eines Steinbock-Aszendenten ist genial, tritt jedoch nicht so vordergründig zutage.

Ein Steinbock-Aszendent bringt eine gewisse Ernsthaftigkeit in jede Situation, in der er aufkreuzt. Er schaut durch eine realistische und mitunter auch ziemlich kritische Brille in die Welt.

Positive Grundzüge

Menschen mit diesem Aszendenten bringen Würde mit. Ihre Zurückhaltung weist dennoch auf große Kompetenz hin und sie geben den Situationen, in denen sie erscheinen, Ruhe, Stabilität und Ordnung. Sie sind in der Lage, Regeln aufzustellen, die jedem zugutekommen. Ihre Disziplin ist bewundernswert und kann schnell zum Vorbild und Halt für all jene werden, denen es daran mangelt. Ihre Klarheit lässt jegliche Nebelschleier verschwinden. Sie wissen einfach, wie etwas gemacht werden muss, wie Ziele erreicht werden, was wesentlich ist.

Das nervt

Das Leben besteht nicht in erster Linie daraus, Pflichten zu erfüllen oder Leistung zu zeigen. Einfach mal nur Spaß zu haben oder rumzublödeln, ist verdammt schwer, zumindest für denjenigen, der Steinbock-Aszendenten dazu motivieren will. Da diese Typen häufig zu früh und zu schnell Verantwortung übernehmen mussten, hinterlässt das beim Gegenüber das Gefühl, im Gegensatz zu ihnen nichts auf die Reihe zu bekommen. Falls der Genuss fehlt, können sich diese Aszendenten zu extrem kritischen Menschen entwickeln.

Entwicklungsweg

Auf dem Entwicklungsweg des Steinbock-Aszendenten gilt es zu lernen, dass es nicht immer steinig sein muss. Steinbock-Aszendenten reiben sich gern an Hindernissen, doch die Leichtigkeit will gelernt werden, außerdem die Integration von Fehlern und dem Unplanmäßigen, das sich außerhalb jeglicher Normen und Regeln bewegt. Steinbock-Aszendenten übernehmen schnell Verantwortung und leisten viel, auch hier ist es wichtig, davon Abstand zu nehmen, anderen mehr zuzutrauen und Nein zu sagen, ohne deshalb in Verhärtung oder Frust abzugleiten.

Woran wir diesen Aszendenten erkennen

Steinbock-Aszendenten sind meist groß, schlank und sehen in jungen Jahren sehr viel älter aus, als sie tatsächlich sind. Sie haben markante Gesichtszüge. Ihre Schönheit und der exzellente Stil entwickeln sich erst mit der Erfahrung. Aufgrund ihrer Disziplin gelingt es ihnen manchmal, im Alter wiederum innerlich jünger zu werden und sich Teile zurückzuerobern, die ihnen aufgrund hoher früher Belastungen verloren gingen. Steinbock-Aszendenten übernehmen schnell die Führung. Diese Menschen sind häufig Leitwölfe, denen man sich gern anvertraut. Ihr eher hageres Wesen verrät wenig Persönliches und ist an Korrektheit kaum zu übertreffen.

Der Aszendent und seine Resonanz

Dem Steinbock gegenüber liegt das Zeichen Krebs. »Erwachsener und Kind« könnten wir diese Achse auch nennen. Steinbock-Aszendenten werden in verantwortliche Situationen hineingeboren, für das kindlich Verspielte oder Bedürftige blieb bei ihnen daher überhaupt kein Raum. Mit Krebs am Deszendenten rufen Steinbock-Aszendenten also zunächst noch mehr bedürftige Seelen herbei, bis sie lernen, diesen Teil ihres Wesens zu integrieren und sich auf die emotionalen Gewässer in Ihrem Begegnungshaus einzulassen. Gefühle sind bekanntlich nicht kontrollierbar, doch Krebs im siebten Haus gibt dem gut belastbaren Steinbock-Aszendenten Nachhilfeunterricht, überhaupt zu fühlen und auch zu verweilen.

Wassermann-Aszendent – immer wieder neu

Es anders zu machen, anders zu sein – das ist typisch für Wassermann-Aszendenten, die in unseren Breitengraden selten vorkommen. Gängige Beschreibungen erwähnen diesen Aszendenten immer als aus der Reihe tanzend, doch das muss keineswegs der Fall sein. Auffällig bei diesen Aszendenten ist der eigene Rhythmus, die Androgynie, das Unlesbare.

Ein Wassermann-Aszendent hat es nicht nötig, besonders schrill aufzufallen, sondern verzichtet eher darauf in Form eines Understatements, ohne jeglichen Schnickschnack, fällt aus der Zeit, aus dem Raum, bewegt sich frei. Er ist nicht einzuordnen und es ist sein Job, die bestehenden Ordnungen aufzuheben.

Positive Grundzüge

Dieser Aszendententypus begegnet dem Leben auf sehr offene und unvoreingenommene Weise. Seine distanziert wirkende Art schafft Weite, bringt etwas Unbestechliches und ist nicht leicht zu beeindrucken. Das, was Wassermann-Aszendent einbringt, verschafft anderen eine komplett neue Perspektive, auf die sie ohne ihn nicht gekommen wären.

Jene Menschen können die unterschiedlichsten Individuen miteinander in Kontakt bringen, verbinden, gleich einem Bindeglied der Gegensätze. So werden Toleranz und Akzeptanz gefördert.

Das nervt

Trotz der Gabe, Gegensätze zu verbinden, wirken Wassermann-Aszendenten zeitweise wie von einem anderen Planeten und legen sich nur ungern fest. Der Kontakt, den sie aufnehmen, kann bei einem anderen Zusammentreffen von einer unterkühlten Distanz begleitet werden. Ein Wassermann-Aszendent überrascht immer wieder und man weiß nie genau, wie die Begegnung wird. Das macht es anderen in seinem Umfeld sehr schwer, Stabilität oder Kontinuität zu erfahren. Falls der Auftrag, es anders zu machen, ohne Bodenhaftung ist, bringen diese Menschen permanent neue Ansichten hervor, bringen etwas Nervöses und Flüchtiges mit, sodass ihr Wirken nur als beständiger Veränderungsvorschlag sichtbar wird.

Entwicklungsweg

Für Wassermann-Aszendenten ist es wichtig, sich irgendwann für einen gewählten Weg zu entscheiden, damit sie ein Feld finden können, in dem ihre Weitsicht und ihre reformerischen Talente fruchten können. Gleichzeitig gilt es zu lernen, Verbindlichkeiten einzugehen und sich auf emotionale Verbindungen einzulassen. Diese Pioniere brauchen den Zusammenschluss und die Zusammenarbeit mit anderen, außerdem auch die Einsicht, dass sie nicht die Einzigen mit guten Ideen sind.

Woran wir diesen Aszendenten erkennen

Bei Wassermann-Aszendenten ist tatsächlich die Ablösung von Zeit und Raum möglich. Ihr Alter ist schwer einzuschätzen, meistens begleitet sie ein Tick, der das Ventil ihrer inneren Unruhe bildet. Das Flüchtige zeigt sich auch in ihrer Art, sich zu kleiden, die die unterschiedlichsten Erscheinungsbilder mit sich bringt und sich in jungen Jahren als bunt, schrill und schräg zeigen kann. Meistens bringen sie etwas Durchscheinendes mit, eine luftige

Zartheit, eine Körperlichkeit, die einem Luftgeist gleicht. Es ist schwer, sie als Individuum zu greifen, weil sie mal hierhin, mal dorthin abdriften. Immer wieder anders.

Der Aszendent und seine Resonanz

Dem Wassermann gegenüberliegend befindet sich Löwe. »Gruppenzugehörigkeit versus Individualität« nenne ich diese Achse. Während Wassermann-Aszendenten gleichzeitig mit vielen verbunden und dennoch anders sind, rufen sie unbewusst nach Menschen, die sich sehr klar als Identität darstellen und ein klares Statement haben. Menschen, die diese Aszendenten dahingehend herausfordern, zur eigenen Persönlichkeit zu stehen, aus wissenschaftlicher Distanziertheit und ihrem Unangepasstsein, um das Lustprinzip finden zu können. Zu einem »Wir« gehören auch mindestens zwei »Ichs«. Und bevor das Ego abgelegt werden kann, braucht es im Vorfeld dessen Entwicklung.

Fische-Aszendent – Verschmelzen und Einbringen

Menschen mit diesem Aszendenten verschmelzen mit ihrem Umfeld. Je nachdem, wo sie sich bewegen, nehmen sie die Atmosphäre, die Stimmung, die Farbe des Umfelds auf, gleichen sich ohne Anstrengung an und bringen etwas sehr Sensitives und Mitfühlendes mit. Für einen Fische-Aszendenten ist es ein Muss, im Flow zu sein. Ihr emotionales Hineinfließen schafft überhaupt erst Verbindung und Wärme. Genauso schnell, wie sie auftauchen, tauchen sie allerdings auch wieder ab. Fantasievoll durchkreuzen sie Planmäßigkeiten, faszinieren und verwirren.

Positive Grundzüge

Ein Fische-Aszendent bringt sich sofort ein – und sei es nur emotional. Doch jegliches Gefühl von Alleinsein verschwindet, sobald man diese Energie an der Seite spürt. Da sich Menschen mit diesem Aszendenten auf die jeweilige Situation einschwingen, sind sie für andere da und stellen sich selbst zurück. Fische-Aszendenten harmonisieren und bringen eine Entschleunigung. Diese empathischen Wesen sind gute Zuhörer und in der Lage, sehr behutsam andere zu lesen, deren Befindlichkeiten und ihren seelischen Zustand.

Das nervt

Es ist sehr schwer für diesen »Flowtypen«, sich auf Verbindlichkeiten einzulassen. Dadurch bringt dieser Aszendententypus auch etwas Unzuverlässiges mit. Sie bringen sich gern ein, brauchen jedoch auch viel, und falls sie sich mit einer gewissen Opferthematik identifizieren, zum Beispiel nicht gesehen oder gehört zu werden, drängen sie andere schnell in die Täter-Position. Doch ihre Zurückhaltung führt letztlich dazu, sich einspannen zu lassen. Das bringt sie in ein inneres Ungleichgewicht. Fische-Aszendenten wirken zeitweise, als lebten sie in einer anderen Welt, in der man ihnen nur schwer folgen kann.

Entwicklungsweg

Es ist bedeutsam für diese Menschen, sich selbst ebenso wichtig zu nehmen wie andere und etwas von der eigenen Person preiszugeben. Das erfordert eine Menge Vertrauen, woran es ihnen häufig mangelt, selbst wenn sie anderes vorgeben. Hier braucht es eine bodenständige Sicht hin zu der realen Welt und die Bewusstwerdung darüber, wer man selber ist. Eigene und fremde Gefühle können sie nur schwer voneinander trennen. Das müssen sie lernen. Damit sie sich am Ende nicht ausgenutzt fühlen, müssen sie sich bewusst für ihre Hilfsbereitschaft entscheiden. Es gilt, die eigene Selbstlosigkeit immer wieder zu überprüfen, die eigene Bedürftigkeit zu sehen und sich dies auch einzugestehen. Sonst kommt es häufig zu starker Desillusionierung und zu Enttäuschungen.

Woran wir diesen Aszendenten erkennen

Fische-Aszendenten bieten sich an, zum Ideal stilisiert zu werden. Das liegt zum einen an ihrem häufig schönen Aussehen oder zum anderen an ihrem zarten und weichen Sein. Fische-Aszendenten bringen etwas Verspieltes im Äußeren mit, weiche Gesichtszüge, ausgeprägte Münder, wenig Markantes, nicht selten auch ein sehr symmetrisches Gesicht.

Gut erkennbar ist dieser Aszendent auch daran, dass man ihn gern anschaut und sich danach nicht mehr an sein Aussehen erinnern kann. Da sich Fische-Aszendenten ihrem Umfeld anpassen, ist ihr Auftreten auch wechselhaft.

Der Aszendent und seine Resonanz

Dem Fische-Zeichen gegenüberliegend befindet sich das Zeichen Jungfrau. »Auflösung und Ordnung« könnte diese Achse auch genannt werden.

Dieser Menschentypus ist grenzauflösend und fließend, tritt mit jedem und allem, was ihn umgibt, in Kontakt und ruft so unbewusst Menschen herbei, die verbindlich, vorausschauend und gut aufgeräumt sind: Lernen am Modell. Da Menschen mit Fische-Aszendenten häufig nicht wissen, was morgen ist – es kann ja alles

sein –, schätzen sie dieses Back-up im Hintergrund. Es bildet für sie einen Leitfaden und gibt ihnen das Gefühl, im weiten Ozean des Lebens nicht allein zu schwimmen. Fische-Aszendenten brauchen diese Ordnung, selbst wenn sie zunächst lieber verschwinden, wenn es verbindlich wird.

ME, MYSELF AND I

KURZBESCHREIBUNGEN DER SONNE IN VERBINDUNG ZUM ASZENDENTEN

Im letzten Kapitel konnten Sie bereits lesen, welche Rolle der Aszendent in unserem Leben spielt. Unsere Sonne, die Identität, und unser Aszendent, der Körper, sind Kernstücke einer jeden Persönlichkeit. Je nachdem, wie die beiden zusammenspielen, bewegen wir uns in der Welt und bekommen dazu bestimmte Merkmale mit auf den Weg.

Ich gebe zu, dass es Kombinationen aus Sonnen- beziehungsweise Sternzeichen und Aszendenten gibt, die wunderbar geschmeidig wirken, während andere auf den ersten Blick nicht leicht vereinbar sind oder sehr gegensätzlich scheinen. Doch sind es nicht gerade die Hindernisse, das scheinbar Unpassende, was uns in Bewegung bringt, uns nach Lösungen suchen lässt, unsere Entwicklung vorantreibt?

Vielleicht haben Sie auch vom sogenannten Doppelzeichen gehört? Dabei handelt es sich um Menschen, bei denen Sonnenzeichen und Aszendent gleich sind, zum Beispiel Fische mit Fische. Da wir meistens summieren, entstand daraus die Annahme, dass diese Menschen dann dieses Zeichen doppelt so stark vertreten. Hier widerspreche ich meist. Doppelzeichen haben den Bonus, dass sie sehr authentisch in der Welt unterwegs sind. Es gibt kein Gefälle zwischen dem, wie sie spontan auftreten, sich zeigen, und dem, wie sie im Kern wirklich sind. Aszendent und Sonnenzeichen vertreten das Gleiche, daraus entsteht Harmonie.

Die Kombinationen von Sonnenzeichen und Aszendenten sind zahlreich, um genau zu sein: Es gibt 144 verschiedene Zusammensetzungen. Ich werde jede ansprechen, allerdings kurz und knapp, um zumindest ein Bild entstehen zu lassen. Mehr geht im Rahmen dieses Buches leider nicht. Die Kurzbeschreibungen unterliegen keiner Wertung, sondern sind lediglich eine Anregung zu einem Gesamtbild. Sie stellen eine grobe Fassung dessen dar, wie sich Menschen mit diesen Grundpfeilern in der Welt bewegen. Falls Sie über manche Bezeichnungen stolpern, weil es sich um Berufe handelt, sind diese lediglich als Bild der Persönlichkeit gedacht und weniger als Ausbildungstipp.

Am Anfang finden Sie das Sonnenzeichen (zum Beispiel Widder), dann den Aszendenten (zum Beispiel Zwillinge) und danach die Kombination der beiden zugehörigen Planeten der jeweiligen Zeichen (zum Beispiel Mars/Merkur).

Widder-Sonne in Kombination

Widder-Sonne-Identität bedeutet: Impulsgeber, Pionier, Kraft.

Widder/Widder – Mars/Mars

Ein Leben in Bewegung. Ungebändigte Herangehensweise ans Leben, starke Lebendigkeit und Jugendlichkeit. Immer volle Kraft voraus.

Widder/Stier – Mars/Venus

Sinnliches Erforschen, im Hintergrund die Unruhe, ein Drosseln und Hin und Her zwischen Tun und Lassen. Starker Eros als Lebensmotor.

Widder/Zwillinge – Mars/Merkur

Ein Fragezeichen auf zwei Beinen, neugieriges Erkunden der Welt, Antworten befriedigen ihn nicht. Sportskanone.

Widder/Krebs – Mars/Mond

Gefühlvolles Eintauchen in Situationen mit starker Wirkung auf andere. Emotionale Überzeugungskraft.

Widder/Löwe – Mars/Sonne

Starker Auftritt, bewegt die Massen, initiiert und befeuert andere. Sehr ausgeprägte Autonomie.

Widder/Jungfrau – Mars/Merkur

Genauigkeit versus Impulskraft, analytische Herangehensweise, unnachgiebiger, mutiger Forschergeist, der sich nicht schnell outet.

Widder/Waage – Mars/Venus

Aktives Harmonisieren, ästhetisches Durchsetzen. Durchsetzung und Anpassung im Konflikt, starke Initiative.

Widder/Skorpion – Mars/Pluto

Heldenepos wiederbelebt. Tabubrecher und Geheimnislüfter. Ein 007, der Aufgaben braucht, um die eigene Kraft zu kanalisieren.

Widder/Schütze – Mars/Jupiter

Nichts ist unmöglich. Reisender und Guide für andere, ob in wilder Landschaft oder geistig spirituell.

Widder/Steinbock – Mars/Saturn

Hindernisse sind dazu da, aus dem Weg geräumt zu werden. Der Sanierer, starke Führungskraft und große Autonomie.

Widder/Wassermann – Mars/Uranus

Free and easy. Anpassung unmöglich, das Leben wird neu erfunden, man selbst erfindet sich auch immer wieder neu.

Widder/Fische – Mars/Neptun

Im Flow zu sein und gleichzeitig zu forcieren, ist hier der schmale Grat. Geschehen lassen und aktives Wollen wechseln ab.

Stier-Sonne in Kombination

Stier-Sonne-Identität bedeutet: Fruchtbarkeit, Werte und Erdverbundenheit, die Kraft der Gelassenheit.

Stier/Widder – Venus/Mars

Aktives Sichern von Revieren und Talenten. Ausgewogene Wertestabilität, die auch bei anderen initiiert und bewahrt werden kann. Bestandsschützer.

Stier/Stier – Venus/Venus

Im Hier und Jetzt, keine Veränderungen nötig. Große Gelassenheit, die lässig wirkt. Sinnliches Sein.

Stier/Zwillinge – Venus/Merkur

Informationssammler, die Kraft der schönen Worte. Wenig beeindruckbar und nie um Worte verlegen, doch den eigenen Rhythmus behaltend.

Stier/Krebs – Venus/Mond

Geschmeidiges Sein, sanftmütig und samten. Starke sinnliche und sensitive Lebensart, die Vertrauen schenkt und Gefühlen Räume öffnet.

Stier/Löwe – Venus/Sonne

Das Lustprinzip regiert. Selbstliebe. Der Lebensweg braucht kreative Lebensinseln zum Verweilen und Nachspüren.

Stier/Jungfrau – Venus/Merkur

Kopf und Bauch in konstruktiver Verbundenheit und Kritik. Sinnlichkeit und Vernunft gehen Hand in Hand.

Stier/Waage – Venus/Venus

Venus bestimmt das eigene Sein. Schönheit und die schönen Künste brauchen Raum. Starke Verbundenheit, der Wunsch nach Kontakt.

Stier/Skorpion – Venus/Pluto

Beziehungen und deren Hintergründe, der Wunsch nach Ewigkeit wird durch intensive Erfahrungen gesucht und erkundet.

Stier/Schütze – Venus/Jupiter

Einer will hinaus in die Welt, der andere bleibt gern daheim. Das eigene Feld wird zum Maßstab für die Welt. Gastgeber par excellence.

Stier/Steinbock – Venus/Saturn

Absicherung dessen, was Halt und Sicherheit gibt. Hohe Verlässlichkeit, schenkt Geborgenheit.

Stier/Wassermann – Venus/Uranus

Das, was ist, wird immer wieder infrage gestellt. Die Hintertür ist wichtig, um die Balance zu halten.

Stier/Fische – Venus/Neptun

Die Kunst, dem Leben zu folgen, das sich zeigt, wenn wir alle Pläne aufgeben und geschehen lassen.

Zwillinge-Sonne in Kombination

Zwillinge-Sonne-Identität bedeutet: Neugier, Offenheit, Kommunikation, Bewegung und Aktivität in Geist und Körper, Informationen entdecken.

Zwillinge/Widder – Merkur/Mars

Rasende Reporter, die jede Information aufstöbern, in Schlagfertigkeit und Witz nicht zu übertreffen.

Zwillinge/Stier – Merkur/Venus

Gute Beobachter und Zuhörer, immer ein bisschen verspätet in der Reaktion, unterschiedliche Tempi, die irritieren.

Zwillinge/Zwillinge – Merkur/Merkur

Geistige und körperliche Hyperaktivität, braucht Ventile und Sammelbecken, um Worte und Sprache zu verarbeiten.

Zwillinge/Krebs – Merkur/Mond

Mitschwingen und den eigenen Kopf behalten. Um Worte nicht verlegen, die aber lieber in Gestik und Mimik ausgedrückt werden.

Zwillinge/Löwe – Merkur/Sonne

Ein charmantes In-Szene-Setzen. Braucht viel Aufmerksamkeit, um die eigene Meinung kundzutun, die anschließend relativiert wird.

Zwillinge/Jungfrau – Merkur/Merkur

Scharfe Beobachter mit feiner Wahrnehmung. Der perfekte Feedbackgeber, der die Regeln der Kommunikation beherrscht und berücksichtigt.

Zwillinge/Waage – Merkur/Venus

Diplomatisches Verpacken dessen, was beschäftigt. Zuhörer für sich gewinnen, ohne aufdringlich zu werden.

Zwillinge/Skorpion – Merkur/Pluto

Tiefgang und Lösung, therapeutische Speaker. Kein heißes Thema ist heiß genug, um es auf die Kühlplatte des Humors zu packen. Geheimnisträger.

Zwillinge/Schütze – Merkur/Jupiter

Wahrheitsverkünder dessen, was sie für gut und wichtig halten. Pioniere und Aufklärer ihrer Themen, Professoren im Studentenkostüm.

Zwillinge/Steinbock – Merkur/Saturn

Richter und Grenzsetzer, deren Informationssammlung ganze Bibliotheken füllen kann. Erfahrungsschätze lösen die frühe Sprachlosigkeit auf.

Zwillinge/Wassermann – Merkur/Uranus

Ideengeber, bunte Bespieler der Netzwerke, Erfinder von Lösungsvorschlägen, sprunghaft und unkalkulierbar.

Zwillinge/Fische – Merkur/Neptun

Die Kraft der Worte löst sich ins Fühlen auf, findet sich neu zusammen und entfernt sich von Buchstaben. Pantomimenleser.

Krebs-Sonne in Kombination

Krebs-Sonne-Identität bedeutet: Emotionalität, Heimatsuche, Sensibilität.

Krebs/Widder – Mond/Mars

Gefühle initiieren, mitreißende Wellen, um den Verstand auszuhebeln. Starkes eigenes Erspüren, schnelleres Handeln als Fühlen.

Krebs/Stier – Mond/Venus

Wohlempfinden als Dauerzustand. Sinnliche Gelassenheit. Umsorgen all jener, die Stabilität versprechen und Geborgenheit schenken und brauchen.

Krebs/Zwillinge – Mond/Merkur

Gefühlen Sprache verleihen, in Worte kleiden, wo Worte fehlen. Luftiges Aufheitern, um Verbindung herzustellen.

Krebs/Krebs – Mond/Mond

Kind sein und bleiben, Schutz suchen und finden, reifen im guten Kontakt mit dem inneren Kind, Selbstunterschätzung, bis diese Stärke erkannt ist. Lunares Temperament.

Krebs/Löwe – Mond/Sonne

Der Beifall wird gebraucht, um die eigene Schutzbedürftigkeit preisgeben zu können, leichte Vernachlässigung der Identität, Verwirrungsphasen, die Rückzug brauchen.

Krebs/Jungfrau – Mond/Merkur

Feinsinniges Erspüren sämtlicher Situationen. Gute Selbstreflexion, Gefühl und Verstand wollen verbunden werden.

Krebs/Waage – Mond/Venus

Feminine Schwerpunkte auch als Mann. Sympathieträger all jener, deren Unbewusstes versteckt ist. Annehmen, was ist.

KURZBESCHREIBUNGEN DER SONNE IN VERBINDUNG ZUM ASZENDENTEN

Krebs/Skorpion – Mond/Pluto

Intensives Gefühlserleben, das gesucht wurde und dann schwer auszuhalten ist. Therapeut des inneren Kindes, Aufräumer von Kindheitsthemen.

Krebs/Schütze – Mond/Jupiter

Vom Guten nicht genug bekommen. Meisterköche, um andere glücklich zu wissen. Ausdehnung der Gefühlserlebnisse auf allen Gebieten, großzügiges Schenken.

Krebs/Steinbock – Mond/Saturn

Im Schneckenhaus, um Vertrauen zu gewinnen. Langes Prüfen der Umstände, starkes Verantwortungsbewusstsein anderen gegenüber, um in die Eigenverantwortung zu gehen.

Krebs/Wassermann – Mond/Uranus

Kein fester Ort nötig: Überall und nirgends zu Hause sein. Reisende, die sich gern mit anderen Kulturen identifizieren. Globale Brückenbauer.

Krebs/Fische – Mond/Neptun

Ozeantaucher der Weltenbühne, sich verlieren und finden in den Strudeln anderer. Geniale Schauspielkunst, Identitätsauflösung und Neufindung.

Löwe-Sonne in Kombination

Löwe-Sonne-Identität bedeutet: Authentizität, Persönlichkeit, Schöpferkraft.

Löwe/Widder – Sonne/Mars

Starker Wille und Kompromisslosigkeit, große Eigeninteressen, alles ist möglich.

Löwe/Stier – Sonne/Venus

Die Liebe zum Leben, die Liebe zu sich selbst. Gönner und Schenker. Modell dessen, für das es sich zu leben lohnt.

Löwe/Zwillinge – Sonne/Merkur

Starke Überzeugungskraft und bester Performer. Die Aufmerksamkeit ist ungebrochen und kaum jemand kann widerstehen.

Löwe/Krebs – Sonne/Mond

Introvertiertes Ich, das sich erst langsam zeigen kann. Wenn das Vertrauen gewonnen ist, nimmt die Persönlichkeit Fahrt auf.

Löwe/Löwe – Sonne/Sonne

Strahlende Persönlichkeit, aus sich selbst heraus. Die Bewunderung kommt von allein, ohne dass dies gewollt ist, was wiederum noch mehr Charme in sich trägt.

Löwe/Jungfrau – Sonne/Merkur

Exquisite Denker, die anderen etwas beibringen können. Der eigene Geltungsdrang findet seinen Beifall über Wissen, Entwicklungshelfer für die Persönlichkeit anderer.

Löwe/Waage – Sonne/Venus

Die Leichtigkeit des Seins, Bohemien, Schönheit und Eleganz. Zum Vorbild für andere werden, was Stil und Eleganz betrifft. Wichtige Beziehungen suchen.

Löwe/Skorpion – Sonne/Pluto

Massen bewegen. Was in den Fokus gerät, wird erobert. Fixierung auf das Gewollte, ungebrochene Durchsetzungsstrategien.

Löwe/Schütze – Sonne/Jupiter

Dem »Sonnenkönig« sehr nah. Qualitätsmenschen, die sich nicht mit weniger zufriedengeben und aufrecht dafür eintreten.

Löwe/Steinbock – Sonne/Saturn

Führungskräfte, starke Autonomie. Durch Frust zur Lust gelangen. Langsames Wachsen einer starken Persönlichkeit.

Löwe/Wassermann – Sonne/Uranus

Reformer und Querdenker. Individualität als Lebensaufgabe. Berufung zur Veränderung, Fixierung auf Freiheit. Spontaner Selbstausdruck.

Löwe/Fische – Sonne/Neptun

Glanz und Gloria, das Streben nach dem Ideal. Fantasievolle Auftritte, die bezaubern. Sich für andere starkmachen, für andere glänzen.

Jungfrau-Sonne in Kombination

Jungfrau-Sonne-Identität bedeutet: Analyse, Ordnung, feinsinniges Tun.

Jungfrau/Widder – Merkur/Mars

Scharfsinnige Kritiker, gezügelt im Hintergrund, die Worte manchmal zu schnell herausfeuernd. Braucht Nachdenkzeit, um ein rundes Etwas zu schaffen.

Jungfrau/Stier – Merkur/Venus

Der Körper als Therapie, um den Geist in die heilsame Ordnung zu bringen. Sanftmütiges Herantasten, innerliches Sortieren.

Jungfrau/Zwillinge – Merkur/Merkur

Was der eine Teil verplaudert, rückt der andere Teil ins Gesamtbild. Hohe journalistische Fähigkeiten, Informationssammler und Verarbeiter.

Jungfrau/Krebs – Merkur/Mond

Unbewusstes kann erkannt und verdaut werden. Weckt Vertrauen, um anderen die Augen für seelische Anliegen zu öffnen.

Jungfrau/Löwe – Merkur/Sonne

Im Rampenlicht stehen, ohne es zu wollen. Starke Ausstrahlung, um anderen Räume zu eröffnen. Selbstsicheres Auftreten ohne Egoallüren.

Jungfrau/Jungfrau – Merkur/Merkur

Vorsicht und Voraussicht, feine Details erkennen. Sich gern in den Dienst stellen für etwas, das allen dient.

Jungfrau/Waage – Merkur/Venus

Verbindungen aufbauen, um Menschen zu lesen. Beziehungsberater, die den blinden Fleck bunt malen und Harmonie fördern.

Jungfrau/Skorpion – Merkur/Pluto

Tiefes Verständnis für kollektiv schwere Themen. Sachliche Nüchternheit im Umgang damit. Intensive Erkenntnis über den Zustand anderer. Zurückhaltend. Starke Therapeuten.

Jungfrau/Schütze – Merkur/Jupiter

Großzügig-einladende Art, die Vernunft im Hintergrund. Was versprochen wurde, muss eingehalten werden. Große Leistung.

Jungfrau/Steinbock – Merkur/Saturn

Zielstrebige Planer, die selten darüber sprechen, was sie tun. Stille Beobachter, die mit ihrer Leistung beeindrucken.

Jungfrau/Wassermann – Merkur/Uranus

Das Chaos der Ordnung wird gesucht und will entdeckt werden. Forschergeist, Entdecker, die mit ihren Beschäftigungen verbinden.

Jungfrau/Fische – Merkur/Neptun

Sprache ohne Worte, immer wieder zum Vertrauen zur eigenen Person finden. Sich selbst nicht wichtig finden und dennoch wichtig sein.

Waage-Sonne in Kombination

Waage-Sonne-Identität bedeutet: Balance, Gerechtigkeit, Harmonie.

Waage/Widder – Venus/Mars

Erotische Anziehungskraft, die sich schwer zügeln lässt. Anziehung und Abstoßung zugleich. Charmantes Provozieren, was nicht übersehen werden kann.

Waage/Stier – Venus/Venus

Verführende Kraft, die andere zum Verweilen einlädt und zum Nachahmen anregt. Regulieren Aufruhr und führen immer wieder zum Schönen hin.

Waage/Zwillinge – Venus/Merkur

Interessante Interviewpartner, die Kunst der geschmackvollen Kommunikation gelingt spielend. Flüchtigkeit und flexibel-charmantes Ausweichen.

Waage/Krebs – Venus/Mond

Emotionales Engagement für das Wohlbefinden anderer. Fühlen sich selbst genährt, wenn es allen gut geht. Starke Initiatoren zur Situationsverbesserung.

Waage/Löwe – Venus/Sonne

Geliebte Diven, auch als Mann. Exzellente Inszenierungen, ob mit oder ohne Bühne. Jede Situation wird zur Bühne, inklusive begeisterter Fans.

Waage/Jungfrau – Venus/Merkur

Orientierte Vernunft. Gute Argumentationsfähigkeit, die bisweilen überhört wird. Starke Zurücknahme, um Konflikte zu vermeiden.

Waage/Waage – Venus/Venus

Verbindungsbeauftragte, Mediatoren, Gegensätze werden ausgeglichen. Disharmonien werden bunt ausgestattet. Idealistische Seelen im schönen Licht.

Waage/Skorpion – Venus/Pluto

Tiefes Erkennen der Beweggründe eines Gegenübers. Ausloten der Persönlichkeit anderer. Die eigene Kraft wird gut und sinnvoll eingesetzt.

Waage/Schütze – Venus/Jupiter

Her mit dem schönen Leben! Das Leben als Reise erkennen, Hindernisse umschiffen, an den besten Plätzen landen. Legt den Spot auf die Schokoladenseite.

Waage/Steinbock – Venus/Saturn

Echte Beziehungen suchen. Netzwerker, um starke Persönlichkeiten zusammenzubringen. Gesellschaftsbewegend. Politik und Kunst verbinden.

Waage/Wassermann – Venus/Uranus

Das Verbindliche von Unvereinbarkeit erkennen. It-Girls der Netzwerke. Trendsetter, Modeschöpfer. Rollenklischees aufheben.

Waage/Fische – Venus/Neptun

Die personifizierte Wunschvorstellung anderer. Stilikone, gern im Einsatz für die Minderheiten der Welt. Vorbild.

Skorpion-Sonne in Kombination

Skorpion-Sonne-Identität bedeutet: Transformation und Erneuerung, Tiefe und Leidenschaft.

Skorpion/Widder – Pluto/Mars

Zerstörer und Erbauer zugleich. Extreme suchen. Unkontrollierbare Kraft, die Kanäle braucht. Kamikazetyp.

Skorpion/Stier – Pluto/Venus

Leidenschaftliches Verfolgen von Vorstellungen. Die Ewigkeit im Kontext zur Vergänglichkeit. Intensive Nachdrücklichkeit, dranbleiben.

Skorpion/Zwillinge – Pluto/Merkur

Leichtigkeit und Tiefe verbinden. Geheimnisse lüften. Unverfängliches Herumspinnen, alles herauslocken. Intensive Geistesarbeit. Dokumentarfilmer.

Skorpion/Krebs – Pluto/Mond

Unterschiedliche Seelenlandschaften bewandern und durchleuchten. Traumatherapeuten – erst bei sich selbst, dann bei anderen. Emotionale Leidenschaft auslösen und mitgehen.

Skorpion/Löwe – Pluto/Sonne

Starke Persönlichkeiten, die bekommen, was sie wollen. Viel Kraft der Imagination. Sexuelle Energie als Transformator für Erneuerungsprozesse.

Skorpion/Jungfrau – Pluto/Merkur

Wahre Worte, die bewegen. Scharfsinnig Hintergründe erkunden und öffentlich machen, Whistleblower und Spione.

Skorpion/Waage – Pluto/Venus

Zielgerichteter Charme. Mit Leichtigkeit Abgründe überspringen, doch längere Zeit dort verweilen und gemeinsames Hinabblicken.

Skorpion/Skorpion – Pluto/Pluto

Schattenspieler, ganz oder gar nicht. Unbeugsamer Schaffensdrang, der viel hervorbringt. Wenn Lebendigkeit und Vorstellungen vereint werden, ist alles möglich.

Skorpion/Schütze – Pluto/Jupiter

Extreme Überzeugungskraft, kann Massen bewegen. Insolvenzverwalter. Sanierer. Auf der Asche tanzend.

Skorpion/Steinbock – Pluto/Saturn

Krisenmanager. Extrem belastbar, volle Verantwortung übernehmen. Nüchterner Umgang mit Tabus und kollektiver Schuld.

Skorpion/Wassermann – Pluto/Uranus

Himmel und Hölle zugleich. Freiheit und Abhängigkeit vereinen. Kollektivsymbole für Generationen. Der Adler, der sich aus dem Schlamm erhebt.

Skorpion/Fische – Pluto/Neptun

Instinktives Suchen von Abhängigkeiten. Starke Anziehungskraft, Macht und Ohnmachtsthemen begleiten das Sein. Loslassen von Vorstellungen.

Schütze-Sonne in Kombination

Schütze-Sonne-Identität bedeutet: Glaube, Gerechtigkeit, Weisheit, Horizonte.

Schütze/Widder – Jupiter/Mars

Gerechtigkeitskämpfer für den guten Zweck, Überzeugungstäter. Forsches Herangehen aus Spaß am Tun. Der Alltag wird zur athletischen Handlung.

Schütze/Stier – Jupiter/Venus

Aus der Üppigkeit des Daseins schöpfen, Genussliebe, Könige der Lebensfreude. Gourmetköche. In aller Ruhe zur richtigen Zeit am richtigen Ort.

Schütze/Zwillinge – Jupiter/Merkur

Bestinformierte Hochschulprofessoren, die teilen, was ihnen zu Ohren kommt. Starkes Mitteilungsbedürfnis, schlagfertig und schnell, weiser Umgang mit Wissen.

Schütze/Krebs – Jupiter/Mond

Einladende Gefühlswelt, weltoffen und heimisch. Introvertierte Exekutive und extrovertiertes Sein. Zaghaft am Anfang, durch Wärme überzeugen.

Schütze/Löwe – Jupiter/Sonne

Schöpferisches Sein aus sich selbst heraus. Sich selbst genügen, aus der Fülle schöpfend. Göttergleich.

Schütze/Jungfrau – Jupiter/Merkur

Zögern und zaudern, große Anliegen zurückhalten. Der Wunsch nach Großartigkeit knallt auf den Boden der Tatsachen. Genauigkeit und Überblick vereinen.

Schütze/Waage – Jupiter/Venus

Anwalt für Weltverbesserung. Juristische Fähigkeiten ohne Paragrafenreiterei. Hehre Ziele verfolgen; überzeugende, gewinnende Objektivität.

Schütze/Skorpion – Jupiter/Pluto

Hintergründe und Geheimnisse mit Optimismus beantworten. Sehen ohne Urteil, jovial-souveränes Auftreten, wenig preisgeben, Verfolgen dessen, was Sinn macht.

Schütze/Schütze – Jupiter/Jupiter

Vertrauensvolles Voranschreiten, ohne Hektik. Motivierter Ratgeber, nie um Wissen und Weisheit verlegen.

Schütze/Steinbock – Jupiter/Saturn

Mäßigung und Maßlosigkeit in Einklang bringen. Wissen und Urteil für den guten Zweck. Besserwissen ohne Kritiksucht, Autonomie.

Schütze/Wassermann – Jupiter/Uranus

Erfindergeist, seiner Zeit voraus, dem Alltag entkommen. Blitze der Erkenntnis erhellen das Sein. Reformation.

Schütze/Fische – Jupiter/Neptun

Träumer und Macher. Drehbuchautoren der großen Kinoleinwände, Blockbuster, Retter und Heilige, Priester und Menschenfreund.

Steinbock-Sonne in Kombination

Steinbock-Sonne-Identität bedeutet: Grenze, Übersicht, Ordnung, Gesetz.

Steinbock/Widder – Saturn/Mars

Kraftvolles Durchsetzen der Regeln, exekutive Kraft. Extreme Zähigkeit, mitunter verhärtet. Militär.

Steinbock/Stier – Saturn/Venus

Hüter der Verbindungen und traditioneller Werte. Bedeutsame Begegnungen knüpfen und schützen.

Steinbock/Zwillinge – Saturn/Merkur

Leichtigkeit und Schwere, das Vereinen von Gegensätzen. Informationen dienen dem Gesamtgefüge und werden in einen geschichtlichen Kontext gesetzt.

Steinbock/Krebs – Saturn/Mond

Oppositionen ergänzen sich. Emotionales Herangehen, ohne davon vereinnahmt zu werden. Kühle Rationalität gibt heilsame Grenze.

Steinbock/Löwe – Saturn/Sonne

Stolz und Stärke. Widerwillige Anpassung, hoher Anspruch an sich und andere. Leitwölfe mit dem Wunsch nach Erfolg.

Steinbock/Jungfrau – Saturn/Merkur

Einsichtsvolle Zurückhaltung. Einsatz und Treue. Arbeitstier, eigene Ansprüche zurückstellen. Pflicht kommt vor den Bedürfnissen. Kritiker.

Steinbock/Waage – Saturn/Venus

Schlichter und Mediatoren. Standesbeamte für Eheschließungen. Liebesforscher mit geschichtlichem Hintergrund.

Steinbock/Skorpion – Saturn/Pluto

Geheimdienstbeauftragte, Entscheidungen auf Lebenszeit. Krisengebiete bewandern. Ordnungshüter im Chaos.

Steinbock/Schütze – Saturn/Jupiter

Optimistische Realisten, vom Besten ausgehen, das Schlimmste vor Augen. Metaebene des Lebens, klare Übersicht.

Steinbock/Steinbock – Saturn/Saturn

Der Ernst des Lebens, mit den gesammelten Erfahrungen leichter werden. Klare Sicht auf die Dinge, auf dem Boden der Tatsachen.

Steinbock/Wassermann – Saturn/Uranus

Andere Galaxien, Raumfahrt. Sozialforscher, Statistiker in ungewöhnlichen Fragen. Wissenschaft und Spiritualität treffen aufeinander.

Steinbock/Fische – Saturn/Neptun

Wunsch und Wirklichkeit vereinen. Träume realisieren, um wieder neue Fantasien zu kreieren. Bilder und Tatsachen verschmelzen.

Wassermann-Sonne in Kombination

Wassermann-Sonne-Identität bedeutet: Originalität, Reform, Technologie, Zukunft.

Wassermann/Widder – Uranus/Mars

Entwickler und Prognostiker, Netzwerke initiieren, Trendforscher, die den Zeitgeist vorgeben. Mutige Erfinder.

Wassermann/Stier – Uranus/Venus

Freie Liebe, Transgender, Frauenrechte. Den Feminismus neu erfinden. Multisexuelle, asexuelle Menschen. Modemacher, schrill und verrückt.

Wassermann/Zwillinge – Uranus/Merkur

Innovative Ideenfeuerwerke. Aufklärer und Schnellredner. Der Zeit voraus. Zeitreisende und Zukunftsforscher.

Wassermann/Krebs – Uranus/Mond

Ungewöhnliche Mischung, die für die eigene Entwicklung Zeit braucht. Zunächst etwas fremd im eigenen Land, metaphorisch gesehen, starke Suche nach Zugehörigkeit zur passenden Wahlfamilie.

Wassermann/Löwe – Uranus/Sonne

Starker Auftritt mit ungewöhnlichen Themen. Schwer greifbar, verwandelt sich und hat viele Gesichter. Keine Festlegung, außer immer in Veränderung zu sein. Zeitgeistbringer, Trendsetter.

Wassermann/Jungfrau – Uranus/Merkur

Wissenschaftler und Aufklärer im gesellschaftlichen Kontext. Heilmittel erfinden, neue Therapien entwickeln. Ein Leben für die Forschung.

Wassermann/Waage – Uranus/Venus

Neue Verbindungen vorantreiben. Ungewöhnliche Beziehungen suchen. Nähe und Distanz ausloten und leben, keine Klischees möglich.

Wassermann/Skorpion – Uranus/Pluto

Tiefgang auf der Suche nach der Wahrheit. Hintergründe aufdecken, Skandale nicht scheuen, den vermeintlichen Tatsachen distanziert auf den Grund gehen.

Wassermann/Schütze – Uranus/Jupiter

Durchs Leben surfen. Glückskandidaten. Gute Intuition. Gern reisen und ungewöhnliche Lebensentwürfe entdecken.

Wassermann/Steinbock – Uranus/Saturn

Digitale Schöpfer, Plattformen entwickeln. Technologien auf Sinn und Nutzen prüfen. Algorithmen verstehen und lesen.

Wassermann/Wassermann – Uranus/Uranus

Das flirrende Etwas. Immer der Zeit voraus. Humorvoll, der Clown. Der Aussteiger, der Technikfreak und Forscher. Freigeist, kaum jemand kann ihm folgen.

Wassermann/Fische – Uranus/Neptun

Von einem anderen Stern. Zunächst etwas verloren. Künstler und Aussteiger. Mit großer Gefolgschaft.

Fische-Sonne in Kombination

Fische-Sonne-Identität bedeutet: Wünsche, Sehnsucht, Auflösung, Spiritualität.

Fische/Widder – Neptun/Mars

Don Quichotte, schnelles Tun ohne Ziel und Plan. Auffällige Erscheinung. Undurchsichtig, das verborgene Selbst ständig im Spot der Lebensbühnen.

Fische/Stier – Neptun/Venus

Modell und schönes Sein. Vertrauen schenken und sinnlich im Leben unterwegs sein. Keine Eile, einfach sein.

Fische/Zwillinge – Neptun/Merkur

Charmante Worte, mit Leichtigkeit Menschen für sich gewinnen. Vom eigenen Wesen viel zurückhalten, wenig zeigen, andere studieren.

Fische/Krebs – Neptun/Mond

Pures Fühlen, Schutzräume kreieren. Atmosphäre schaffen und einatmen. Hochsensibel, fühlen, was ist, ohne Worte und Erklärung.

Fische/Löwe – Neptun/Sonne

Weltenbühnen bespielen. Sehnsucht nach dem Paradies. Starke Gefühle entfachen. Zum Ideal stilisiert werden. Den Göttern ziemlich nah.

Fische/Jungfrau – Neptun/Merkur

Bedingungsloses Tun. Realität und Wunsch verwirklichen. Einer Sache dienen, die allen zugutekommt. Egoauflösung.

Fische/Waage – Neptun/Venus

Menschen verbinden, Gegensätze verschwinden. Wertschätzung dessen, was ist. Annehmen können und geschehen lassen.

Fische/Skorpion – Neptun/Pluto

Unter die Oberfläche tauchen, im Stillen entdecken, was übersehen wird. Die Mysterien des Lebens erkunden. Intensives Erleben.

Fische/Schütze – Neptun/Jupiter

Heilige mit Mission. Weltverbesserer und Weltenbummler. Die Welt zu einem schönen Ort werden lassen. Die richtige Perspektive, die anderen hilft.

Fische/Steinbock – Neptun/Saturn

Ziele intuitiv verfolgen, ohne Worte darüber zu verlieren. Sich für die Minderheiten der Welt einsetzen. Mit wenig alles schaffen. Glaube.

Fische/Wassermann – Neptun/Uranus

Guru der Neuzeit. Auflösung von Individualität. Sensitives Geistwesen in Menschengestalt. Fragezeichen hinterlassen.

Fische/Fische – Neptun/Neptun

Der geheime Ort zum Sein wird gesucht. Im eigenen Ozean schwimmen, ohne Ufer. Grenzenlos, voller Fantasie, braucht Halt und Orientierung.

LAST, BUT NOT LEAST

Viele Menschen, die mir begegnen und nach meinem Beruf fragen, sind zwar neugierig, werfen jedoch meist folgendes Statement ein: »Ich glaube nicht an Astrologie.« Deshalb ist es mir wichtig, nun in meinem Schlusswort einmal auf diese Haltung und Meinung einzugehen. Astrologie glich tatsächlich einmal einer Religion. In der Zeit der Babylonier und Chaldäer, als die Astralpriester die Planeten als Wohnsitze der Götter ansahen, ja, da war es eine Religion. Die Weltsicht war eine vollkommen andere. Dennoch gibt es Parallelen. Die Astralpriester gaben den Menschen Erklärungen, sie brachten mit ihren Deutungen Orientierung.

Das ist auch mein Wunsch. Ich erkläre die Planeten als Persönlichkeitsanteile, schaffe Analogien zur Mythologie und kreiere aus dem Makrokosmos unseren Mikrokosmos.

Seit 2006 bin ich freiberuflich für das Fernsehen und einige Onlineseiten tätig, bei denen ich jedoch meist kaum Zeit habe, etwas Komplexeres aus der Astrologie anzubieten. Doch auch innerhalb dieser kurzen Sendezeiten kann ich einiges zur Stimmungsaufhellung, Bewusstseinsförderung und Unterhaltung der Zuschauer beitragen. Dadurch sind die Vorurteile gegen die Astrologie vielleicht ein bisschen weniger geworden.

Im Laufe meiner Berufsjahre lehnte ich viele Angebote ab, die ich als Affront gegen die Astrologie empfand. Und auch, um mir selbst und diesem Wissensschatz treu zu bleiben. Deshalb freut es mich umso mehr, dass ich Ihnen mit diesem Buch einen tieferen Einblick in die kosmische Welt geben konnte.

Immer wieder, vor allem nach meinen Erfahrungen mit Tausenden von Klienten, ist es mein großes Anliegen, mithilfe der Astrologie zu einer neuen Sichtweise beizutragen, die hilft, sich das Leben zu erleichtern und all das, was uns umgibt und beschäftigt, nicht immer automatisch auf sich selbst zu beziehen. Beim Coaching nennen wir diese recht objektive Sichtweise Metaebene.

Astrologie kann eine Metaebene sein. Sie kann jedoch auch zum genauen Gegenteil benutzt werden: um Dinge zu problematisieren oder zu pathologisieren. Auch für mich, als Astrologin und Mensch, ist es immer wieder eine Herausforderung, dass ich mit meinem Wissen nicht in problematische Denkweisen abrutsche. Gleichzeitig will ich aber auch nicht dem Schönreden verfallen oder dem Glatten, Oberflächlichen zu viel Raum gewähren.

Meine verschiedenen Ausbildungen haben mir neue Sichtweisen angeboten und gleichzeitig gibt es etwas, was alles miteinander verbindet, eine vielseitige Komplexität. Diese Komplexität schenkt uns auch die Astrologie: Sie kann, vereinfacht ausgedrückt, jede Menge Möglichkeiten, Erklärungen und Anregungen zur Entwicklung eines Menschen hervorzaubern.

Als ich mit diesem Buch begann, war es Winter in Berlin. Ich hatte das Gefühl, unendlich viel Zeit dafür zu haben, vor allem weil die Hauptarbeit in eine selbstverordnete Pause auf der griechischen Insel Karpathos fiel. Dort ist der größte Teil des Buches entstanden und tatsächlich spielte die sonnige Umgebung für das Schreiben eine wichtige Rolle.

Mein Vorhaben, dieses Buch mit Sonnenhut auf der Terrasse einer Insel der südlichen Ägäis zu schreiben, ging nicht auf: Eine Kündigung, mehr als nur ein Neubeginn und die Corona-Zeit begleiteten den Abschluss des Buches. Dabei war ich unendlich froh, meine astrologische Timeline als Begleiter zu haben, um mich durch die stürmischen Umbruchphasen meines Lebens hindurchzunavigieren – und die globalen Umbruchphasen einordnen zu können.

Wenn unser Nervensystem zu stark aktiviert ist – momentan in der Corona-Zeit ist dies sogar kollektiv der Fall –, brauchen wir die Entspannung. Erst dann bekommen wir das Gefühl von Orientierung zurück. Astrologie kann ein Wegweiser sein, der Orientierung gibt. Oder auch einfach nur eine neue Sicht auf die Welt. Ich wünsche mir, dass dieses Buch Ihnen neue Türen geöffnet hat, für Sie anregend, unterhaltsam und aufbauend war.

Jederzeit freue ich mich über Feedback, auch Fragen sind mir willkommen. Und falls Sie sich fragen, ob Sie an die Astrologie glauben sollen oder nicht, dann sparen Sie sich diese Nachdenkzeit, weil es keine Religion darstellt. Es ist nur eine erweiterte Sicht in die Gesamtzusammenhänge der Mysterien unseres Universums, ein neuer Horizont. Erlauben Sie sich diesen anderen Blickwinkel.

DANKSAGUNG

Nichts ist selbstverständlich.

Danke für die Möglichkeit, mein zweites Buch zu schreiben. Danke an den Verlag. Herzlichen Dank an Nina Sahm, meine Redakteurin vom Irisiana Verlag, ihre Geduld und ihre guten Ideen, ihr Interesse und ihr Verständnis. Tausend Dank an Ulrike Schöber, das wundervolle Lektorat, die wohlwollenden Verbesserungen und Veränderungen, ohne die *Neustart mit Astrologie* etwas wirr geworden wäre.

Ich danke von ganzem Herzen Vincent Schulz, dem ich dieses Buch widme, für das Neue, das während dieses Buches entstand, seine Muße, seinen Humor, die Lebenslust, Inspiration und Leichtigkeit.

Und ich danke der Insel Karpathos und meinen Freunden dort, weil große Teile des Buches in diesem kleinen griechischen Paradies entstanden sind.

Meine Familie steht immer hinter mir, meine Freunde ebenso: Danke dafür, auch für eure Akzeptanz, dass ich mal wieder nicht ansprechbar war.

Danke an das Universum und den Kosmos. Mit seinen wunderbaren Mysterien.

WEITERES ZUR ASTROLOGIE VON KIRSTEN HANSER

ZUM LESEN:

* *Kosmos und Körper. Astromedizin – das Praxisbuch*. Irisiana Verlag 2018

IM INTERNET:

* www.kirstenhanser.de
  Coachings, Audiodateien, Seminare, Reisen, Beratungen
  Kontakt: mail@kirstenhanser.de

* www.astroart.berlin
  Astrologie und Kunst mit Kirsten Hanser und Vincent Schulz
  Seminare, Workshops, Audiodateien, Reisen, Ausstellungen und mehr
  Kontakt: info@astroart.berlin
* www.sat1.de/ratgeber/horoskop
  Tageshoroskope von Montag bis Freitag sowie zum Wochenende

IN DEN SOZIALEN MEDIEN:

Instagram:
* https://www.instagram.com/kirstenhanser/
* https://www.instagram.com/astroartberlin/

Facebook:
* https://www.facebook.com/kirstenhanserberlin/

GESUNDHEIT IM EINKLANG MIT DEN STERNEN

Astrologin Kirsten Hanser zeigt, welchen Einfluss die Sterne und Planeten auf unser körperliches und seelisches Wohlbefinden haben. Praxisbezogen und anschaulich beschreibt sie, wie wir diesen Einfluss gezielt nutzen und durch Techniken aus der Energiemedizin, Yogaübungen und Pflanzenheilkunde ein Leben im Einklang mit den kosmischen Gesetzen führen können.

Leseprobe und mehr unter www.irisiana.de

IRISIANA

REGISTER

Achsen 10, 20–23
- 1. Widder-IC/Waage-MC 24 f., 151
- 2. Stier-IC/Skorpion-MC 25 ff., 154
- 3. Zwillinge-IC/Schütze-MC 27 ff., 157
- 4. Krebs-IC/Steinbock-MC 29 ff., 159
- 5. Löwe-IC/Wassermann-MC 31 ff.
- 6. Jungfrau-IC/Fische-MC 33 ff., 164
- 7. Waage-IC/Widder-MC 35 ff., 167
- 8. Skorpion-IC/Stier-MC 37 f., 169
- 9. Schütze-IC/Zwillinge-MC 38 ff., 171
- 10. Steinbock-IC/Krebs MC 40 ff., 173
- 11. Wassermann-IC-Löwe-MC 42 f., 175
- 12. Fische-IC/Jungfrau-MC 43 ff., 177

Aspekte 106 ff.
Aszendent 6, 10 f., 13, 16, 20, 60, 70, 85, 139–177
- Äußeres/Äußerliches 144 ff.
- Fische 165 ff.
- Jungfrau 162–165
- Krebs 157 ff.
- Löwe 159–162
- Schütze 169 ff.
- Skorpion 167 ff.
- Sonnenzeichen versus 147 f.
- Steinbock 171 ff.
- Stier 152 ff.
- Waage 165 ff.
- Wassermann 173 ff.
- Widder 149–151
- Zwillinge 154–157

Augenbewegungen 50

Deszendent 13, 20, 142 f., 149, 151, 154, 157, 159, 173

Elemente 16, 51, 144, 157
Erde (Element) 51, 55, 75, 91, 162

Feuer (Element) 16, 51, 85, 140, 160, 169
Fische (Sonnenzeichen) 98 ff.

Galenus 144
Greene, Liz 104

Häuser
- 1. Haus 11
- 2. Haus 11 f.
- 3. Haus 12
- 4. Haus 12, 20 f.
- 5. Haus 12
- 6. Haus 12 f.
- 7. Haus 13
- 8. Haus 13
- 9. Haus 13
- 10. Haus 14, 20 ff.
- 11. Haus 14
- 12. Haus 14

Hippokrates, Typen nach 144 f.

IC (Imum Coeli) 21 ff.
Identität 6, 11, 15, 17, 32, 56, 59, 65, 69 f., 72, 74, 81, 85, 89, 91 f., 94 f., 99, 103 ff., 107 ff., 112 f., 115 f., 118, 121, 124 f., 131 f., 134 f., 147 f., 160, ,175, 180 ff., 184, 186 f., 189 f., 192, 194 f., 197, 199
Identitätsverlust 127
Individualität 15 ff., 31, 57, 128, 132, 146, 175, 188, 200

Jung, C. G. 141 f.
Jungfrau (Sonnenzeichen) 75 ff.
Jupiter 97, 104 f., 121–124, 182 f., 185, 187 f., 190 f., 193–196, 198, 200

Krebs (Sonnenzeichen) 65–69
Kommunikation, gewaltfreie 79
Konjunktion 105 f., 108, 113 115, 118, 124, 131, 134

Löwe (Sonnenzeichen) 70–74
Luft (Element) 51, 59, 94

Mars 11, 52, 97, 118 ff., 132, 146, 149 f., 181 f., 184, 186 f., 189 f., 192, 194 f., 197, 199
MC (Medium Coeli) 21 ff.
Merkur 11, 59, 75 f., 97, 110, 112 f., 115, 132, 146, 181, 183–194, 196–199, 109 ff., 146 f., 181, 183 f., 186–189, 191 f., 194, 196 f., 199
Mond 11, 65, ,85, 97

Neptun 17, 62, 72, 88, 90, 97f., 104, 131ff., 182, 184f., 187, 189f., 192f., 195, 197, 199f.

Opposition 107, 109, 142, 196

Persönlichkeit(santeile) 6, 10f., 13f., 16f., 20, 22, 67, 71, 76ff., 87f., 95f., 104f., 106–109, 114, 116, 118, 121f., 124f., 127ff., 133f., 140ff., 144, 146, 159ff., 175, 180f., 187f., 191ff., 201
Pluto 81, 97, 128, 134f., 182f., 185, 187f., 190–193, 195f., 198, 200

Quadrat 106

Rosenberg, Marshall 79

Saturn 88, 90ff., 97, 105, 115, 124ff., 128, 159, 182, 184f., 187f., 190, 192f., 195–198, 200
Schatten 16, 38, 72, 81ff., 108, 134f., 137, 142, 193
Schütze (Sonnenzeichen) 85–90
Selbst 17, 78, 97, 115, 133, 147, 199
Sextil 106
Sinne, fünf 49
Skorpion (Sonnenzeichen) 81–84
Sonne und Planeten
 – Jupiter und 121ff.
 – Mars und 118ff.
 – Merkur und 112ff.
 – Mond und 109ff.
 – Neptun und 131–134
 – Pluto und 134–137
 – Saturn und 124–127
 – Uranus und 127–130
 – Venus und 115ff.
Sonne und Aszendent
 – Fische 199f.
 – Jungfrau 189f.
 – Krebs 186f.
 – Löwe 187ff.
 – Schütze 194f.
 – Skorpion 192f.
 – Steinbock 195ff.
 – Stier 182ff.
 – Waage 190ff.
 – Wassermann 197ff.
 – Widder 181f.
 – Zwillinge 184f.
Sonnenzeichen → siehe einzelne Sternzeichen
Steinbock (Sonnenzeichen) 91ff.
Stier (Sonnenzeichen) 55–58

Trigon 107

Übungen
 – Aum/Om 133f.
 – Ausgangsposition zu »Himmel und Erde« 23
 – Beobachter, stiller 114
 – Gedanken, quälende 82ff.
 – Gedankenstopp 67
 – Glücksmomente 80
 – »Himmel und Erde« 25, 27, 29f., 33f., 36, 38, 40–43, 45
 – Kommunikation, gewaltfreie 79
 – Kosmisches Trio 88ff.
 – Kritiker loswerden 90
 – Modelling/Lebenslinie 72ff.
 – Positives stärken 79f.
 – Reframing 76f.
 – Ressourcen 67ff.
 – Sein 99f.
 – Sonne-Jupiter-Übung 122f.
 – Sonne-Mars-Übung 119f.
 – Sonne-Merkur-Übung 113f.
 – Sonne-Mond-Übung 111
 – Sonne-Neptun-Übung 133
 – Sonne-Pluto-Übung 135, 137
 – Sonne-Saturn-Übung 126f.
 – Sonne-Uranus-Übung 129f.
 – Sonne-Venus-Übung 116f.
 – Sprachmuster verändern 64
 – System, inneres 96f.
 – Testament schreiben 92f.
 – Wahrnehmung 53f.
 – Werte-Arbeit 57
 – Zielarbeit 62f.
Uranus 58, 95, 97, 127ff., 133, 182, 184f., 187f., 190, 192f., 195, 197–200

Venus 11, 78, 97, 104, 115ff., 124, 132, 146, 152, 181–200

Waage (Sonnenzeichen) 78ff.
Wasser (Element) 51, 65, 81, 157, 162, 167
Wassermann (Sonnenzeichen) 94–97
Widder (Sonnenzeichen) 52ff.

Zwillinge (Sonnenzeichen) 59–64

IMPRESSUM

1. Auflage
Copyright für die deutsche Ausgabe:
© 2020 by Irisiana Verlag, einem Unternehmen der Verlagsgruppe Random House GmbH, Neumarkter Straße 28, 81673 München

Alle Rechte vorbehalten. Vollständige oder auszugsweise Reproduktion, gleich welcher Form (Fotokopie, Mikrofilm, elektronische Datenverarbeitung oder durch andere Verfahren), Vervielfältigung, Weitergabe von Vervielfältigungen nur mit schriftlicher Genehmigung des Verlags.

Sollte diese Publikation Links auf Webseiten Dritter enthalten, so übernehmen wir für deren Inhalte keine Haftung, da wir uns diese nicht zu eigen machen, sondern lediglich auf deren Stand zum Zeitpunkt der Erstveröffentlichung verweisen.

Hinweis: Das vorliegende Buch ist sorgfältig erarbeitet worden. Dennoch erfolgen alle Angaben ohne Gewähr. Die Empfehlungen sind allgemeiner Natur und ersetzen keine Abklärung durch medizinisches oder psychologisches Fachpersonal. Autorin und Verlag distanzieren sich daher von Heilversprechen und können für eventuelle Nachteile oder Schäden, die aus den im Buch gegebenen Hinweisen resultieren, keine Haftung übernehmen.

Bildnachweis
S.8/9 Foto: Joe St.Pierre Photography/Stocksy.com, S.18/19 Foto: Annie Engel/Gettyimages, S. 46/47 Foto: Pourya Sharifi/Unsplash, S. 84 Foto: Jackson David/Unsplash, S. 101 Foto: Natali Grainger/Unsplash, S.102/103 Foto: Tim Mossholder/Unsplash, S.136: Alones/Shutterstock, S. 138/139 Foto: Terry Schmidbauer/Unsplash, S. 148 Foto: Victor Torres/Stocksy.com, S. 161 Foto: Anastasia Dulgier/Unsplash, S.177 Foto: Raymond Forbes LLC/Stocksy, S.178/179 Foto: Giulia Squillace/Stocksy

Projektleitung: Nina Sahm
Lektorat: Ulrike Schöber, Dortmund
Korrektorat: Susanne Schneider
Layout und Illustrationen: Josefine Britz
Satz: Uhl + Massopust, Aalen
Bildredaktion: Bele Engels
Umschlaggestaltung: Geviert GbR, München
Druck und Bindung: Alföldi, Debrecen
Printed in Hungary

Verlagsgruppe Random House FSC® N001967

ISBN 978-3-424-15373-6

www.irisiana-verlag.de